Eva Simon

Was mir gut tut, wenn's mir schlecht geht

W0173506

HERDER

FREIBURG · BASEL · WIEN

Gedruckt auf umweltfreundlichem,
chlorfrei gebleichtem Papier

2. Auflage

Alle Rechte vorbehalten – Printed in Germany
© Verlag Herder Freiburg im Breisgau 2000
www.herder.de
Satz: Rudolf Kempf, Emmendingen
Herstellung: fgb · freiburger graphische betriebe 2002
www.fgb.de
Umschlaggestaltung und Konzeption:
R·M·E München / Roland Eschlbeck, Liana Tuchel
Umschlagbild: © allOver Bildarchiv
ISBN 3-451-04841-8

Inhalt

Die Tage kommen und gehen wie verhüllte, verschleierte Gestalten, uns gesandt von einer fernen, freundlich gesinnten Instanz. Sie sagen uns nichts. Nutzen wir nicht aus eigenem Antrieb die Gaben, die sie bringen, so tragen sie diese genauso stumm wieder mit sich fort.

(Ralph Waldo Emerson)

Vorwort

Rund hundert Fragebögen habe ich in der Vorbereitung auf dieses Buch verschickt mit den drei Fragen:

- Was tut dir gut, wenn's dir schlecht geht?
- In welcher Situation, bei welchem Erlebnis, hat dir etwas Bestimmtes geholfen, d.h. besonders gut getan?
- Wie genau hat *es* dir geholfen? Ist es dir danach deutlich besser gegangen? Woran hast du das gemerkt?

Ich habe 77 mündliche und schriftliche Antworten bekommen von Menschen (mehr Frauen als Männern) im Alter zwischen 11 und 88 Jahren. Ich bin überwältigt von dem Vertrauen, das mir damit entgegengebracht wurde.

Die Mitteilungen reichen von wenigen Sätzen über einen Bogen voller Auflistungen bis hin zu sechs engbedruckten Seiten mit detaillierten Angaben.

Eine Freundin lehnte das Ansinnen ganz ab mit der Begründung, ihr ginge es nie schlecht – und wenn doch einmal, dann verführe sie immer nach dem Motto „wenn der Knopf abgerissen ist, wird er wieder angenäht", und sie wisse nicht, wie man damit ein Buch füllen könne.

Eine andere beklagte sich, dass es ihr erst schlecht ginge, seit mein elender Fragebogen auf ihrem Schreibtisch läge und auf Beantwortung lauere. Sie schickte mir dann zwei sehr aufschlussreiche Seiten, und danach ging es ihr so gut wie schon lange nicht mehr.

Spät erhielt ich eine Postkarte. Darauf stand: „Zwischen meinem Schreibzeug liegt ein nie beendeter Brief an dich. Die Essenz ist eigentlich nur, dass ich das Buch, an dem du jetzt arbeitest, ganz dringend bräuchte."

Der längste und ausführlichste Bericht kam von einer fünfköpfigen Familie. Der Familienvater schrieb dazu: „Selten hat ein Thema für solch nachhaltigen Gesprächsstoff am Abendbrotstisch gesorgt, hat so die Diskussion angeregt wie dieser Fragebogen. Insofern brauchst du uns nicht so sehr zu danken wie wir dir für diese unerwartete Bereicherung des Familienalltags."

Ich habe mich aber trotzdem bei allen herzlich bedankt und wiederhole den Dank hier noch einmal ganz kurz: Wenn es mir wieder einmal schlecht gehen sollte, brauche ich nur den Stapel mit der Antwortpost anzuschauen: So viel Bereitschaft und Offenheit! So viele Geschenke! Danach kann es mir nur gut gehen.

Fast alle Anregungen und Erfahrungen habe ich im *ABC der Möglichkeiten* am Ende des Buches stichwortartig gesammelt und ergänzt.

Es wurden auch Teile aus den Antworten wörtlich in die Geschichten integriert, aber um niemanden bloßzustellen, habe ich nur Vornamen verwendet und diese selbstverständlich geändert.

Dieses Buch ist eine Fundgrube an Tipps für viele Lebenslagen, eine kleine Hausapotheke guter und wirkungsvoller Ratschläge. Dabei muss ich eines dazu vorausschicken: **Wenn** Sie dieses Buch für sich als Hilfsquelle entdecken wollen, dann ist eine Prämisse unumgänglich – sie lautet:

Ich kann nur mich selbst und mein Verhalten ändern – nicht die anderen und ihr Verhalten. Wenn ich mein eigenes Verhalten ändere, kann dadurch vielleicht eine Verhaltensänderung bei meinen Mitmenschen bewirkt werden; aber die entsteht auch nur, wenn sie es selbst wollen.

Außerdem sind einige Sätze nötig, die Grenzen dieses Buches aufzuzeigen. Es enthält *erstens* keine Ratschläge in der Art von Rezepten: Wenn Sie täglich einen Esslöffel voll Trallala schlucken, werden Sie glücklich! Es ist also kein Rezeptbuch für Fast-Food-Fans. Es ist einerseits anspruchsvoller und andererseits realistischer, sich klar zu machen, dass jede Problemlösung Zeit und Anstrengung erfordert, und je differenzierter das Problem ist, umso komplexer muss die Lösung ausfallen. Es kommt also Arbeit auf Sie zu, wenn Sie sich durch dieses Buch angeregt fühlen zur Selbsthilfe. Die Geschichten inspirieren Sie hoffentlich zu der Frage: „Wie ist das eigentlich bei mir? Auch so wie bei der beschriebenen Person oder ganz anders?" Dann können Sie sich entscheiden: Nehme ich diese Anregungen an oder wandele ich sie um oder lasse ich sie sein, weil sie nicht zu mir passen?

Für jedes Thema werden die Anregungen zur besseren Übersicht noch einmal gebündelt. Diese Zusammenfassungen haben unterschiedliche Formen: Zumeist stehen sie am Ende des Kapitels, manchmal auch nach den einzelnen Abschnitten.

Das Buch ersetzt *zweitens keine* Fachliteratur aus den Bereichen der Medizin (Allopathie, Naturheilkunde und Homöopathie), Pharmazie und Psychologie, auch nicht über NLP, TA, TZI, Gestalttherapie, Edu-Kinestetik, der Psychotherapie, der kirchlichen Seelsorge, der Sportwissenschaften, der Psychomotorik und verwandter Gebiete wie Immuntraining, Qui-Gong, Shiatsu, Joga, Tai-Chi, Reiki, Falun Gong, Akupunktur-Massage, Feldenkrais, Ayurveda-Massage, Fußreflexzonenbehandlung, der Esoterik mit Bachblüten, Edelsteinen, Aromatherapie . . . *aber* von allem ist vielleicht etwas dabei, denn die Menschen haben in ihrer Not viel Gutes für sich entdeckt, oft ohne zu wissen, dass jemand daraus bereits eine Wissenschaft in einem speziellen Fachgebiet gemacht hat.

Das Buch richtet sich an Mitmenschen, die in der Lage sind, eine Auswahl zu treffen unter den Angeboten, die für sie persönlich hilfreich sein könnten in ihrer speziellen Lebenssituation, für ihr Alter und ihr Geschlecht. Diese Leserinnen und Leser werden auch wissen, dass die Wirkung der Anregungen abhängig ist vom Typ und werden sich nicht „selbst in die Tasche lügen" wollen. Wenn nämlich die hektische Elke gute Erfahrungen macht mit Ausruhen, Pause machen, Dinge unerledigt lassen . . ., dann ist das keine Aufforderung an den trägen Oskar, dasselbe zu tun. Für ihn kann vielleicht gelten, dass er sich endlich aufrafft und etwas zu Ende bringt, so wie es der antriebsschwache Gunnar beschreibt. Auch die Aufforderung, sich und seine Bedürfnisse endlich ernst zu nehmen, ist sicher nicht für den ohnehin wehleidigen Hypochonder Ulrich gedacht, sondern meint eher Ulrike, die in ihrer preußischen Art jeden Schmerz durch Pflichtgefühl kleinhält.

Wenn Sie dieses Buch einfach nur lesen wollen, weil es Sie interessiert, wie es anderen ergeht, dann sind Sie ebenso herzlich willkommen!

Sie kennen diesen Spruch: „Wir klagen auf höchstem Niveau". Der bezieht sich auf uns Westeuropäer, besonders uns heutige wohlhabende sichere Deutsche, die wir uns angewöhnt haben zu jammern wegen eventuell bevorstehender geringer finanzieller Einbußen oder dergleichen Ängste. Angesichts von Krieg und Hunger, Arbeits- und Obdachlosigkeit, Folter und Verfolgung, Kinderschändung und unheilbarer Krankheit überall in der Welt sollten wir uns unserer Wehwehchen schämen. Ich mich auch, dass ich solch ein Buch für wichtig halte.

Aber ich habe es trotzdem geschrieben, denn wir sind, wo und wie wir sind, und jedes Schlechtgehen hat es nötig, in ein Gutgehen umgewandelt zu werden. Außerdem ist alles Schlechtgehen subjektiv und relativ. Mich hat es jedenfalls bei Zahnschmerzen nicht getröstet, wenn meine Oma mir entgegenhielt, dass ich mich nicht so anstellen sollte, es gäbe schließlich viele arme alte Menschen, die gar keine Zähne mehr hätten, weil sie kein Geld für ein Gebiss hätten.

Außerdem habe ich nach anfänglichem Zögern kein mir selbst bekanntes oder zugängliches Schlechtgehen ausgeklammert, nicht die Krankheit und nicht den Tod, denn sie gehören zu unserem Leben dazu. Damit Sie aber nicht wie auf eine Art Achterbahn geraten beim Lesen der unterschiedlichsten „Wenn-Geschichten", habe ich eine innere Gliederung vorgenommen, die – auch sehr subjektiv – vom eher Leichten zum Schweren führt.

Wenn der Anfang schwer fällt

Nun bin ich extra allein nach Amrum gefahren, um in der Un-
gestörtheit der gemieteten Wohnung inmitten der Stille der
Natur dieses Buch anzufangen – und tue dies und mache das,
lauter unnützes Zeug, nur ans Schreiben gehe ich nicht. Die
gesammelten Unterlagen liegen wohl geordnet und steinschwer
neben dem Laptop und bilden mit ihrer Informationsfülle
einen fast unerträglichen Gegensatz zu der Leere in meinem
Kopf. Noch eine Tasse Kaffee, und dann geht's los! Nein, zuerst rufe ich noch einmal zu Hause an und klage über verschiedene Leiden: Neuralgisches Ziehen in beiden Armen,
drückende Kopfschmerzen und überhaupt totale Erschöpfung! Möchte ich von meinem Mann hören, dass ich mir doch
noch Ruhe gönnen darf, mich erst einmal verwöhnen kann,
mich auf das raue Inselklima einstellen muss . . .?

Er reagiert aber ganz anders: „Fang jetzt an", sagt er am anderen Ende der Leitung in Hamburg, „und stell dir vor, ich
hielte dir die Schwelle runter. Sie ist wie ein festes Gummi-
band vor den Bildschirm gespannt. Du traust dich nicht darüber, aber ich drücke sie nach unten – heute den ganzen
Tag." Ich fange an mit der ersten Geschichte. Oder war sie das
schon?

1.
Wenn ich missgestimmt bin und mir alles fehlschlägt

Es gibt Tage, vorzugsweise Montage, da fühle ich mich, als würde ich in tausend Teile zerbrechen wie ein zerrütteltes Puzzle. Nichts passt zusammen. Birgit nennt es: „Wie quer sein". Als hätte jemand unser Koordinatensystem verschoben. Der Ausdruck „missgestimmt" trifft die Verfassung auch: Unsere Eigenmelodie ist verloren gegangen. Wir sind auf „atonal" gestimmt. Das sind die Tage, in denen ich mich auch missverständlich ausdrücke. Mein Partner versteht mich nicht, was ich meistens ihm anrechne. Telefonate gelingen nicht. Zuerst kommt dauernd: „Kein Anschluss unter dieser Nummer". Dann meldet sich der falsche Teilnehmer. Gereizt reagiere ich sodann auf den richtigen, als hätte der Schuld an meiner Verwählerei. Natürlich steckt an dem Tag mittags auch ein roter Zettel von der Post im Briefkasten wegen eines Paketes, das sie nicht zustellen konnten. Dabei waren wir den ganzen Vormittag zu Hause! Einfache Verrichtungen geraten in diesen Stunden zu strapaziösen Unternehmungen. Für die Lösung blind, machen wir simple Sachen kompliziert. Ein Teufelskreis aus wütigem Aktionismus und hilfloser Reaktion aus der Umgebung entsteht.

Kennen Sie diesen Zustand? Ertragen Sie ihn einfach wie einen Schnupfen oder versuchen Sie, daraus auszubrechen?

Geteiltes Leid

Glücklicherweise hält dieser Zustand bei mir nicht länger als einen Tag an. Lang genug. Deshalb gibt es einfache Hausregeln:
Als Berufstätige in freundlicher Arbeitsumgebung teilen wir

unseren verständnisvollen KollegInnen unseren Zustand mit, was aber meistens nichts hilft, weil sie alle behaupten, sich ebenfalls in einem ähnlichen zu befinden. In diesem Falle kommt der *Spruch vom geteilten Leid* vielleicht zum Tragen.

Als Berufstätige in streng unterkühltem Arbeitsklima machen wir uns an diesem Tag möglichst unsichtbar, sind *zurückhaltend* und verschieben – wenn möglich – wichtige Arbeiten und Entscheidungen auf morgen.

Liegenbleiben? Aufstehen!

Als Hausfrauen oder Pensionäre geht's uns wohlmöglich noch schlechter, weil wir uns entscheiden müssen, ob wir uns gehen lassen, d.h. den ganzen Tag *im Bett liegen bleiben*, wie es unser Freund Hans dann macht, oder ob wir zu anderer Selbsthilfe greifen. Und da gibt es doch einige Möglichkeiten: Viele Menschen begeben sich so schnell wie möglich nach draußen. Sie *wandern, joggen oder machen Walking* (Die Mutter unseres amerikanischen Schwiegersohnes macht „Mall-Walking", d. h. sie geht auf die bekannte stelzende Art mit anderen zusammen in den marmorgefliesten Gängen eines großen klimatisierten Einkaufszentrums spazieren). Merkwürdig für deutsche Verhältnisse, aber wenn's hilft?! Ob *Fahrradfahren, Schwimmen, Skaten* . . . der Kopf wird klarer, die Zerrissenheit nimmt ab.

Wenn Sie sich dann noch dazu aufraffen können, die gewählte Bewegungsart (z.B. Laufen) regelmäßig zu machen, verbessern sich Laune und Kondition spürbar. Der Körper verbraucht nicht nur mehr Sauerstoff, es werden auch Serotonin und Endorphine (Glücksbotenstoffe) freigesetzt. Und Chaos-Tage werden seltener.

Aufräumen

Wer sich lieber im Haus verkriecht, kann *saubermachen und aufräumen*, und zwar Schubladen und Schränke, die es schon lange nötig haben. Das schafft auch mehr Ordnung im Kopf.

„Je unruhiger und chaotischer es in mir aussieht", sagt Uta, „umso nötiger brauche ich die äußere Ordnung."

Man kann sich auch *ablenken und „künstlich" aufmuntern:*

Musik! Musik!

Eine unserer Nachbarinnen, eher eine Intellektuelle, hört dann gern die „blödesten" Schlager mit den „simpelsten" Texten: *„Alles ist gut, mein Kind"* – *„Es gibt Tage, da wünsch' ich, ich wär' mein Hund"* – *„Es muss im Leben auch Schmerzen geben"* – *„Das Leben ist mal so, mal so, mal bist du traurig und mal froh"* – *„Immer wenn ich traurig bin, trink ich einen Korn . . ."*. (Ich weiß allerdings nicht, ob sie immer noch so gern Schlager von Rex Guildo hört – nach seinem Tod.)

Kollegin Christel fängt in einem solchen Fall mit ganz ernster *Musik,* sogar Kirchenmusik, an und kommt dann immer näher über heitere Klassik zur Volksmusik, bis sie bei Liedern ist, die sie mitsingen kann. Dabei mag sie besonders den Song *„Sieh dir die Farben an . . ."* von der Gruppe Godewind.

Silke liebt in solchen Zeiten den Soundtrack von *„Jenseits der Stille"* oder Loreena McKennitt bis hin zum *„Messias"* von Händel. Später swingt sie mit bei *„Queen", „Mamas und Papas"* oder „Die Prinzen".

Kredit

Unser junger Freund Peter macht's mit *Autosuggestion:* „Ich visiere einen besonderen Zeitpunkt an, zu dem es mir aller Wahrscheinlichkeit nach wieder deutlich besser gehen wird. Von der Entspannung und Zufriedenheit, die an diesem anvisierten Tag wahrscheinlich herrschen wird, nehme ich jetzt schon etwas Kredit auf."

Aber bitte mit Sahne!

Lena zieht sich fein an, nimmt die Tasche, geht ins kleine *Café an der Ecke* und streicht das „gewellte Gemüt mit viel Sahne und Kuchen wieder glatt."

Lieblingskekse

Gerti muss an solchen Tagen „unbedingt *etwas mit den Händen tun*". Sie putzt Fenster, bürstet den Hund oder jätet das Blumenbeet – je nach Wetterlage. Oder sie backt Haferflockenplätzchen – so:

Zutaten: 4 EL Öl oder 75 g Butter, 125 g kernige Haferflocken, 75 g Zucker (oder 50 g braunen Rohrzucker), 1 Ei, evtl. 2 bis 3 Tropfen Bittermandelöl, 50 g Mehl, 1 gestr. TL Backpulver.

Zubereitung: Die Haferflocken werden in dem Fett unter ständigem Rühren leicht gebräunt. Zum Schluss einen Esslöffel Zucker drunterrühren und mitbräunen lassen. Dann alles kalt stellen. Das Ei wird schaumig geschlagen, nach und nach der restliche Zucker und das Backöl hinzugegeben. Danach schlägt man so lange, bis eine dicke cremige Masse entstanden ist. Das mit Backpulver vermischte Mehl und die völlig erkalteten Haferflocken werden esslöffelweise darunter gerührt. Mit zwei Teelöffeln setzt man walnussgroße Häufchen auf ein mit Backpapier ausgelegtes Backblech und backt die Kekse bei Mittelhitze etwa 15 Minuten.

Die kann man übrigens auch ohne Frust backen. Sie schmecken dann genauso gut.

Badefest

Für Julia gibt's am Abend eines solchen Tages nur dieses: *Heißer Tee, Kerzenschein, schöne Musik und ein gutes Buch* (es kann auch ein Schmöker sein). Wenn sie sich zusätzlich auch körperlich schlecht fühlt, gönnt sich vorher noch ein *Bade-*

fest: Duftende Öle im Badewasser, danach ganz warm und weich anziehen.

Gehmeditation

Ronja diszipliniert sich in solch einem Zustand mit *Gehmeditationen:* Mindestens eine halbe Stunde geht sie eine bestimmte Route durch ihr Haus in gleichbleibendem Tempo. Dabei spricht sie zuerst eine Art Mantra, ein persönliches Wort, später kristallisiert sich zumeist ein aktuelles Problem heraus. Während des Gehens wird ihr das Problem klarer. Manchmal nimmt sie ein Kissen zu Hilfe, das stellvertretend für eine bestimmte Person steht und mit dem sie dann innere Dialoge führt.

Affirmationen

„Mir helfen dann *die guten alten Sprüche* wie: Wer der Sonne entgegengeht, hat den Schatten hinter sich. Oder: Der Abend kann ganz anders sein als der Morgen", schreibt Anne. „Solche Sprüche habe ich in Holzbrettchen eingraviert an der Wand oder schreibe sie auf einen Zettel und lege sie auf meinen Schreibtisch."

Am Fluss

Christel setzt sich auf einen bestimmten Stein an der Elbe und sieht dem Wasser zu. „Ich werfe meine Depression in den Fluss und sehe sie davonschwimmen. Ich erinnere mich an den Ausspruch von Heraklit: *Alles fließt.* Das hilft mir."

Meine vier Rettungsanker

Ich selbst werfe vier Anker an solchen Schiffsschaukel-Tagen aus, aber es gelingt mir meistens leider erst gegen Abend:

1. Ich habe eine *Glasmenagerie*, das sind Glasborde vor einem Fenster mit sehr vielen kleinen Gegenständen, Steinen und Tierchen. Diese Dinge entstaube ich – betont langsam. Zunächst denke ich an nichts, dann fallen mir all die Leute ein, die mir einen großen Teil dieser Sachen geschenkt haben. An die denke ich dann mit Dankbarkeit.

2. Ich male magische *Mandalas* in mein Mandala-Buch (eigene, nicht vorgezeichnete), dazu mache ich eine Kerze und eine Duftlampe an – und schließe die Zimmertür. Die meditativen Tätigkeiten machen mich ruhiger und konzentrierter.

3. Ich stelle mir den eigenen fehlgeschlagenen *Tag als Slapstick-Serie* vor: Wie ich da herumwusele und nöle und quengele und mich wichtig nehme . . . Das ist schon komisch!

4. Ich tanze zu Musik aus Kamerun. Zuerst auf der Stelle und zaghaft, dann immer raumgreifender und schließlich durch das ganze Haus. Dabei bin ich allerdings am liebsten allein und unbeobachtet, zumal ich manchmal noch alle Hüllen fallen lasse und *nackt tanze*. Soweit wie Wiebke (29) treibe ich es aber in meinem Alter nicht mehr. Sie tanzt dann nackt vor einem großen Spiegel und freut sich über ihren schönen Körper.

Es ist nur ein Gefühl?

Anregungen für Missgestimmte, die gern wieder „wohltönend" sein möchten:

- _Eine andere Perspektive wählen – auch räumlich._

- _Den Zustand philosophisch und mit Humor betrachten_

- _Affirmationen suchen_

- _Ordnung schaffen_

- _Meditative Tätigkeiten ausüben_

- _Ein Badefest feiern und sich seines Körpers freuen_

- _Mit den Händen arbeiten: Backen, gärtnern, töpfern_

- _Sich bewegen: Wandern, laufen, skaten, schwimmen..._
  joggen, tanzen
- _Musik hören und dazu singen und tanzen_

- _Sich mit Autosuggestion helfen_

- _Sich Freunden mitteilen_ , Telefon + Besuch

- _Sich weitestgehend zurücknehmen_

- Mandalas malen
- Bauchtanz
- Körperübung
- Gefühl kommen lassen – bewußt wahrnehmen –
  sich davon verabschieden

2.
Wenn mich Selbstzweifel plagen

Manchmal denke ich: Ich habe alles falsch gemacht. Den falschen Partner und den falschen Beruf gewählt, bin in die falsche Stadt gezogen und habe mir die falschen Freunde gesucht. Ich ziehe mich falsch an und benehme mich täglich falscher. Ich bin dem allen nicht mehr gewachsen. Am liebsten würde ich noch einmal ganz von vorne anfangen.

An anderen Tagen kommt der Selbstzweifel eher schleichend: Warum hat der mich jetzt so merkwürdig angesehen? – Jetzt habe ich bestimmt wieder genau das Falsche gesagt! – Wieso beachtet die mich heute gar nicht? – Musste ich mich denn für diesen Anlass derart overdressed „aufbrezeln"!?

Denken Sie das manchmal auch? Überkommt Sie dann solch eine Mutlosigkeit, dass Sie sich am liebsten unsichtbar machen möchten? Oder wie ein Maulwurf unter der Erde verschwinden möchten?

Vernissage

Neulich waren wir mal wieder bei einer Vernissage – nur unserem Freund, dem Maler, zuliebe. Unter dem vornehmen Blankeneser Publikum fühle ich mich immer ungekämmt, altmodisch, mickrig und fehl am Platze. Die wenigen Blicke, die mich streifen, zeigen mir: „Na, du gehörst hier eigentlich nicht hin! Wie bist du denn überhaupt reingekommen?" Um mich herum scheint es nur Cliquen zu geben. Jede kennt jeden. Alle küssen sich ununterbrochen. Edel sehen alle aus – bis auf uns. Wir geistern durch die Ausstellung wie unsichtbar. Merkwürdigerweise sind wir aber dann die Einzigen, die ein

Bild kaufen. Nach solchen Erlebnissen müssen wir uns regelrecht neu aufbauen. Wir *halten uns aneinander fest* und setzen uns Stück für Stück wieder zusammen. Früher habe ich dann immer gegrübelt, wie wir wohl auch zu dieser illustren Gesellschaft zählen könnten, wie wir hineinkämen in den Kreis. Dann waren wir ein paar Mal eingeladen. Daniel hat sich von vornherein unwohl gefühlt, und ich habe mich so gelangweilt, dass ich ganz aufsässig wurde. Mir wurde klar, dass die meisten Leute diese Small-Talk-Clubs brauchen, um über Beziehungen einen Halt zu haben. Das bringt sie aber auch in Abhängigkeiten (denn sie müssen ja permanent Gegeneinladungen starten) die wir nicht in Kauf nehmen wollen. Wenn wir dann zurück in unserem Haus unter den Bäumen sind, fühlen wir uns wieder ganz und heil in dem Bewusstsein: Die sind so, und wir sind anders, aber nicht minderwertiger.

Am besten, ich suche mir einen neuen Beruf

Ich war 50 Jahre alt, als ich eines Tages voller Unsicherheit und Skrupel aus der Schule kam – direkt von meiner geliebten ersten Klasse – und zu meinem Mann sagte: „Ich glaube, ich bin zu alt für diese Kleinen. Ich könnte ja ihre Großmutter sein, und das ist unfair den Kindern gegenüber. Sie haben ein Recht darauf, von Menschen unterrichtet zu werden, die im Alter ihrer Eltern sind, die noch nicht so abgenutzt sind wie ich und die alles ein bisschen leichter nehmen. Ich glaube, ich suche mir einen anderen Beruf." – „Macht dir die Schule keinen Spaß mehr?", fragte mein Mann als erstes. „Doch, eigentlich mehr denn je!", antwortete ich. „Dann verstehe ich deine plötzlichen Zweifel nicht", erwiderte er, „wenn du nämlich vom Alter ausgehst bei dieser Aufgabe, dann bist du schon seit zwanzig Jahren zu alt für Grundschulkinder."

Die Haare des Riesen

Aus Märchen wissen wir, dass in den Haaren Kraft und Weisheit steckt. Unser Freund Paul nutzt das für sich, wenn er sich absolut unattraktiv findet: „Ich nehme mir zwei Stunden Zeit, bereite im Badezimmer alles vor (vor allem: Heizung hoch) und schneide mir mit einer Schermaschine die Haare. Genau 6 mm Einfachschnitt. Die Prozedur selbst ist nicht entspannend. Ich habe den Kopf über die Duschwanne gebeugt. Die Maschine ist wahnsinnig laut (weil alt), und die Arme werden langsam lahm. Aber danach, d.h. nach dem Abschluss-Duschen, fühle ich mich, nein sehe ich aus: kraftvoll, entschlossen, modern, windschnittig, neu. Die *äußere positive Veränderung* bewirkt eine innere positive Veränderung."

Bikini am Abend

Uta geht gern Klamotten einkaufen, wenn sie sich hässlich findet. Meistens hat sie Glück und fühlt sich abends in den neuen Sachen viel hübscher als am Morgen in den alten. Aber dieses Mal geht es wegen einer bevorstehenden Reise um einen Bikini. Schon bei der ersten Anprobe in der neongrell ausgeleuchteten Kabine möchte sie am liebsten fliehen: Alle Polster und wulstigen Rundungen werden von dem textilen Teil total überbetont. Ihre Haut hat den bläulichen Schimmer von unfrischem Suppenfleisch, und die Oberschenkel sind geradezu Modelle für unbehandelte Cellulitis. Nach dem fünften Bikini flüchtet Uta aus dem Laden und verstärkt ihren Frust mit einem großen Becher Kakao plus Sahne. „Dann sage ich eben die Reise ab, und wir fahren nach Island. Da ist es zu kalt für Bikinis". Ehe sie ihren Partner mit diesem Entschluss am Abend konfrontieren kann, drückt er ihr zunächst *ein Glas Sekt* und dann ein schmales Päckchen in die Hand und sagt leichthin: „Probier doch mal!" In dem Päckchen ist ein Bikini. Uta will protestieren. Aber unter seinen verliebten Blicken im dämmrigen Licht der häuslichen Lampen und leicht beschwipst traut sie sich die Anprobe zu, und siehe da: Der Bi-

kini passt, sieht hübsch aus, und sie fühlt sich schlank und
schön.

An sich denken

Wenn ich nicht für mich bin, wer ist für mich?
Wenn ich nur für mich bin, was bin ich?
Wenn nicht jetzt, wann dann?

(Mishna, Sprüche der Väter, I, 14)

Stefanie *verwöhnt sich,* wenn ihr etwas misslungen ist und sie
sich klein, hilflos und minderwertig fühlt. Sie spricht dann
liebevoll mit sich selbst und gönnt sich etwas besonders Schönes. Auch telefoniert sie mit Menschen, von denen sie weiß,
dass sie sie wertschätzen. Ihr Traum, auf den sie hinspart,
heißt *Schönheitsfarm.* Sie nimmt schon einen Vorschuss und
gönnt sich eine *Farbberatung.*

Sina hilft *Malen* fast immer, besonders wenn sie sich über etwas klar werden muss. Als eine aussichtsreiche Bewerbung ab-
gelehnt worden war und sie mit erheblichen Selbstzweifeln
kämpfen musste, zog sie sich zurück und ging erst mal auf Konfrontation zu sich selbst: „Was hätte ich besser machen können?" Dann sprach sie mutig die Leute an, die damit zu tun
hatten und bat um ein ehrliches Feedback, das sie auch akzep-
tierte. *Gespräche mit Freunden* und dem Partner halfen weiter.
Das Ergebnis der Niederlage: Sie gönnte sich erst einmal zwei
Wochen Ruhe, damit sie Abstand erhielt von dem Geschehenen.
In der Zeit verwöhnte sie ihre Familie und ließ sich verwöhnen.

Vertretungsstunde in Aerobic

Andrea, eine junge Studentin, leitet ab und zu als Vertretungs-
kraft Aerobicstunden in einem Fitnesscenter. Dabei erlebt sie
des öfteren Ablehnung, wenn die Teilnehmer statt ihrer ge-
wohnten Trainerin „dieses junge Ding" vorfinden. Andrea

schreibt: „Mein Magen rebelliert. Meine Knie werden weich. Mein Hirn droht zu versagen. Ich frage mich zum wiederholten Male: Warum tue ich mir das an? Die Besserung erfolgt durch Kopfarbeit: Ich mache mir Mut, indem ich es als Herausforderung annehme. Ich wiederhole für mich: ,Ich bin gut vorbereitet.' Ich schaue weg von den missmutigen Gesichtern zu den erwartungsvollen. Jetzt fange ich an, und halte an meinem Konzept fest . . . So bekomme ich die Nervosität in den Griff. Die aufsteigende Panik kann ich niederdrücken. Meine Knie werden fester, meine Stimme auch. Mit den ersten Bewegungen nach Musik wird auch mein Lachen natürlicher, kurzum mein sicheres Auftreten kehrt zurück."

Und das Selbstvertrauen überträgt sich wiederum auf die Teilnehmer, so dass der Kurs gerettet ist.

Vermeiden

Rotraut ist den entgegengesetzten Weg gegangen. Jedes Mal, wenn ihr etwas misslungen ist, so dass sie Selbstzweifel spürte, hat sie angefangen, die Sache zu meiden. Sie hat mal einen Vortrag vor Kolleginnen gehalten und wurde – überwiegend wegen ihrer leisen Stimme – kritisiert. Nun hält sie keine Vorträge mehr mit der Begründung: „Mir liegt das nicht." Sie hat sich mal beim Skifahren das Bein gebrochen, nun läuft sie nie mehr Ski. Einmal ist ihr abends auf dem Weg von der Bushaltestelle nach Hause ein Unbekannter eine Weile gefolgt – nun geht sie abends nach 20 Uhr nicht mehr aus dem Haus.

Ich bin gespannt, wann sie ihr restliches Leben nur noch im Bett verbringt, weil sie im Flur mal hingefallen ist!

Wir sind alle dazu bestimmt zu leuchten . . .

. . . wie es die Kinder tun . . . Und wenn wir unser Licht erscheinen lassen, geben wir unbewusst anderen Menschen die Erlaubnis, dasselbe zu tun.

Nelson Mandela

**Anregungen für Selbstzweifler,
die gern wieder selbstsicher sein wollen:**

- *Sich über die Reaktionen des Gesprächspartners oder der -partnerin zum Nachdenken anregen lassen.*

- *Durch eine äußere Veränderung eine innere Neueinstellung zu sich selbst herbeiführen.*

- *Die Körperhaltung überprüfen: Sitze oder stehe ich schon wieder ganz krumm, so als wollte ich mich verstecken? Jetzt richte ich mich auf und schaue nicht dauernd nach unten!*

- *Nicht der negativen sich selbst erfüllenden Prophetie anheimfallen nach dem Motto: Das gelingt mir bestimmt wieder nicht. Stattdessen Selbstbekräftigung üben: Das versuche ich. Dieses Mal schaffe ich es.* pos Affirmationen

- *Vielleicht auch den Zustand einfach annehmen: So ist es eben heute mit mir. Ich habe auch ein Recht auf Unsicherheit. Ich weiß ja, was ich alles gut kann.*

- *Im akuten Stadium etwas tun, von dem ich genau weiß, dass es mir gelingt. Das baut das Selbstwertgefühl wieder auf.*

- *Sich selbst lieben, annehmen und doch ständig verändern – aber nach eigenem inneren Plan, nicht nach den Wünschen von anderen.*

- *Menschen meiden, die wiederholt eine negative Ausstrahlung auf mich haben.*

- *Auf keinen Fall generell alles vermeiden, was uns nicht gleich gelingt, sondern aus Fehlern zu lernen versuchen.*

Wertvoll bin ich, wie ich bin?

3.
Wenn ich überlastet und erschöpft bin

Nichts macht mehr richtig Freude. Ich kann nicht mehr den Augenblick genießen, schaue nur auf den nächsten Tag und wieviel Last da wieder auf mich zukommt. Mein Lebenstempo hat sich beschleunigt. Ständig habe ich das Gefühl, unter Zeitdruck zu stehen. Die 24 Stunden des Tages reichen nicht mehr für all das, was ich erledigen soll. Wenn ich dann zufällig einige Minuten Wartezeit „geschenkt" bekomme – im Verkehrsstau oder im Wartezimmer –, kann ich sie nicht nutzen, weil der gesamte Zeitplan dadurch ins Rutschen kommt. Außerdem machen mir diese Warteminuten Angst. Ich bin ihnen passiv ausgeliefert, statt aktiv hetzend mein Pensum abzuarbeiten. Ich wage nicht, darüber nachzudenken, wie ich aus der Überlastung herauskomme.

Müttern, besonders berufstätigen Müttern, mit kleinen Kindern geht es häufig so, ebenso Menschen in Berufen, die dauerhaft höchste Konzentration erfordern, wie den Schwestern und Pflegern auf der Intensivstation. Vielleicht war die Zeit des „Gebens" zu lang. Der Tank konnte nicht rechtzeitig durch „Nehmen" wieder aufgefüllt werden. Aber auch ungünstige Lebensumstände können dazu führen, dass jemand die Last nicht mehr tragen kann. Vorsorgemaßnahmen sind nötig.

Haben Sie auch schon solche Zeiten erlebt? Haben Sie sich wie ein Hamster im Laufrad gefühlt? Endlose Mühen ohne Aussicht auf Entkommen?

Im Kaninchenstall

Wenn Sina und ihr Partner Henner so gestresst sind vom Tagesablauf, dass sie sich abends dauernd in die Wolle kriegen, gehen sie gemeinsam in ihren geräumigen Hühner- und Kaninchenstall. Sie knipsen eine kleine Lampe an, setzen sich in zwei alte Sessel, lassen den Geruch der Kaninchen auf sich wirken, hören von nebenan das leise Glucksen und Gackern der auf ihren Stangen schlafenden Hühner, entspannen sich und sagen dabei kein einziges Wort.

Vom Kabelträger Ernie

Manchmal darf ich zusehen, wenn eine meiner Geschichten für die „Sesamstrasse" gedreht wird. Es ist keine hektische Stimmung im Studio, eher eine heitere, aber trotzdem ist die Arbeit wegen der vielen Wiederholungen einzelner Szenen für alle Beteiligten anstrengend und sehr ermüdend. Einer, der schon lange dabei ist und ausgerechnet Ernie heißt, hat für sich die richtige Methode gefunden, um während langer Wartezeiten nicht zu verzagen. Er sitzt in all dem Trubel an einem kleinen Tisch und löst Kreuzworträtsel. Dabei ist er so konzentriert, dass er abschalten kann. Nur das akustische Zeichen für ihn und seine Kabelschlepperei überhört er nie.

Gesundlachen

Astrid Lindgren und Loriot sind für mich wahrhaft gesundheitsfördernd gewesen, als ich – Junglehrerin mit 48 Grundschülern in der Klasse – in einen akuten Erschöpfungszustand geriet. Der Arzt schrieb mich schließlich krank und verordnete Bettruhe. Aber ich lag den ganzen Tag einsam im Bett. Da brachte Daniel mir „Pippi Langstrumpf" mit, das gerade erst in Deutschland erschienen war. Bei der Geschichte, in der Pippi Kokosnüsse auf Haie wirft, kam ich so sehr ins Lachen, dass ich mich regelrecht gesund gelacht habe.

Später ging es mir ähnlich mit Loriots Sketch vom Lottogewinner Erwin Lindemann, der schließlich mit dem Papst eine „Butike" in Irland einrichten will. Ich habe das Stück bestimmt schon zehnmal gesehen und kann mich jedes Mal wieder schütteln vor Lachen. „Easily to amuse", würde meine Älteste sagen. Aber warum sehen Leute seit Jahren an Silvester immer wieder begeistert „Dinner for one"?

Eines späten Abends saß ich recht verzweifelt und allein vor dem Fernseher, weil ich mich vor lauter Kummer nicht ins Bett traute, da sah ich zufällig eine Sendung des Kabarettisten Hanns Dieter Hüsch. Er ist ja sonst eher ein Schelm, aber an diesem Abend (seine erste Frau war vor noch nicht langer Zeit gestorben) war er sehr ernst. Das irritierte mich so, dass ich abschalten wollte. Doch dann kam einer seiner typischen Sprechgesänge mit dem Refrain „Wenn man bedenkt, dass das alles gar nichts auf sich hat". Und plötzlich sah ich mich von oben, in meinen Sessel gefläzt und dem Selbstmitleid hingegeben. Ich schämte mich und sagte zu mir: „Recht hat er. Es hat alles gar nichts auf sich – verglichen mit dem wirklichen Elend auf der Welt", und ging getröstet und irgendwie zum Besseren entschlossen endlich ins Bett.

Arne im Dauerverband

Unser Freund Arne hatte im letzten Jahr eine beispiellose Pechsträhne. Zuerst brach er sich beim Skilaufen Arm und Schulter, dann fiel er vom Baum und brach sich die Hüfte, und schließlich trat er in ein Loch im Asphalt und brach sich den Fuß. Da war er mit seiner Kraft am Ende, und sein Arzt (von Arnes Frau geimpft) schickte ihn nicht zur Kur nach Bad Pyrmont, sondern in die Sonne – nach Lanzarote. Dort ging es ihm allmählich besser, weil fünf heilsame Wirkfaktoren sich ergänzten:

1. *Sonne (Energiezufuhr, mehrere Stunden am Tag)*
2. *Entfernung (Großer räumlicher Abstand zum Ort des Übels)*

3. *Neues (Stimulierende unbekannte andere Umwelt)*
4. *Ruhe (Viel Besinnung, Schlaf, Naturbeobachtung)*
5. *Bewegung (Spazieren, Radfahren, Schwimmen, Tauchen)*

Ein Tag für mich allein

Evelyn sieht zu, dass sie einen Tag für sich ganz allein aus dem Alltag herausschneiden kann, bevor es zur totalen Erschöpfung kommt. Da macht sie dann nur Sachen, die ihr guttun: Einkaufsbummel, Kino, Kosmetik, Sauna . . .

„Dass es mir dann wieder besser geht", schreibt Anella nach ähnlicher Erfahrung, „dass die Anspannung nachlässt, merke ich daran, dass ich wieder müde werden kann. Ich werde mit einer so unvorstellbaren Schwere müde, dass ich denke, Jahre im Schlaf verbringen zu können."

Ein Loblied auf das Bett

Ein Loblied auf ihr Bett singt Theresa: „In solchen Zeiten verbringe ich möglichst einen ganzen Samstag in meinem geliebten Bett – allerdings nur, wenn das Wetter nicht zu sehr nach draußen lockt. Ich mache es wie Churchill und hole mir alles Wichtige in die Nähe: Kaffee oder Tee, manchmal auch Sekt, Knabberzeug, Zeitschriften, Wärmflasche, Telefon (nur manchmal, wenn ich liebe Menschen anrufen möchte). Ich kuschele mich so richtig ein, lese mit erhöhtem Kopfteil oder dusele vor mich hin, so dass ich auch wieder einschlafe. Bisweilen bin ich gegen Abend so gut erholt, dass ich mich dusche und fein mache und noch irgendetwas mit Freunden unternehme. Manchmal wache ich aber erst am Sonntag wieder richtig auf. Mein Bett ist meine Zuflucht, meine Heimat."

Bianca hilft sich in Stress- und Belastungszeiten mit *autogenem Training*, das sie auch ganz kurz und an jedem Ort für sich anwenden kann. Außerdem kennt sie Reiki und hält viel von Akupunktur-Massage nach Penzel. Das gönnt sie sich in solchen Zeiten einmal in der Woche. Sie lebt nach dem Motto: Wenn es mir schlecht geht, bin ich lieber allein, wenn es mir gut geht, mit anderen zusammen.

Ich muss, ich muss, ich muss

Ella berichtet: „Ich war zwei Jahre freigestellte Betriebsrätin, hatte mich rastlos immer wieder für die Belegschaft eingesetzt und total verausgabt. Immer häufiger wurde ich krank. Nach jeder Krankheit stürzte ich mich wie gewohnt in die Arbeit. Als ich z. B. für eine Woche an einem Gewerkschaftsseminar außerhalb Hamburgs teilnahm, gelang es mir, nebenbei gleichzeitig noch einen Rechenschaftsbericht des Betriebsrates zu schreiben, an einer Sitzung mit der Geschäftsleitung teilzunehmen und an zwei Abenden Parteiveranstaltungen in Hamburg zu besuchen. Mich trieb das Motto: Ich muss, ich muss, ich muss. An dem folgenden Sonntag, an dem eigentlich eine Radtour vorgesehen war, bekam ich heftige Kopfschmerzen, mein ganzer Körper tat weh, und die Seele weinte. Kaffee half nicht. Nichts ging mehr. Nach Stunden des verzweifelten Herumliegens quälte ich mich hoch und duschte heiß. Dann cremte ich den Körper behutsam ein. Und während ich die Salbe einmassierte, merkte ich: Zeit haben für mich und für meinen Körper, das tut ja unendlich gut. Vielleicht würde ich auch weniger krank. Vorsichtig folgte der Gedanke: Und wenn ich die Betriebsratsarbeit aufgäbe? Die spontane Wärme in meinem Magen macht mir die Entscheidung leichter: Ja, ich gebe auf. – Die Kopfschmerzen verfliegen. Ich höre Musik. Meine Seele jubelt. Ich fühle mich frei und gestärkt zugleich."

Julia lässt es so weit gar nicht mehr kommen. Nach einem Nervenzusammenbruch wegen totaler Überlastung passt sie jetzt besser auf sich auf. Manchmal räumt sie ihren Schreibtisch auf und stellt dann ein Schild hin mit der Aufschrift: *Ich arbeite jetzt nicht.*

Susanne hält viel von der *Schritt-für-Schritt-Therapie*: Sie schreibt sich stichwortartig auf, was sie alles zu erledigen hat und setzt dann eine Rangfolge fest: Was muss sofort sein? Was kann später erledigt werden?

Silka macht *alle Lampen* in der Wohnung an, so dass sie hell erleuchtet ist. Dann legt sie eine CD mit einem Wiener Walzer ein und tanzt durch die Räume.

Maren hält – wegen der verspannten Schultern – viel von *Partnermassage.* Wenn ihr Freund nicht „greifbar" ist, macht sie sich selbst eine Druckmassage an den Akupunkturpunkten in den Handflächen: Dreimal links und dreimal rechts.

Berrit konzentriert sich auf ihr Hobby: *Kalligrafie.* Das lernt sie in der „Schule für Schrift" in Hamburg. Gerade wenn sie sich sehr überlastet fühlt, rafft sie sich auf zum Schreiben. „Und wenn ich nur *eine* gute Zeile hinkriege, dann bin ich schon ausgeglichener."

Monika *trödelt* nach stressigen Tagen gern im Haus herum. Sie liest hier ein bisschen Zeitung, kramt dort in Schubladen, stöbert im Fernsehprogramm, zupft an den Blumen, kontrolliert ihre Garderobe . . . „Wenn ich dann genug herumgetrödelt habe, sage ich zu mir: ‚Jetzt aber Schluss! Jetzt wird etwas Ordentliches getan' – und das klappt dann auch."

Nicht fit ab 60

Wir sind zum Skilanglauf in Norwegen mit einer Hamburger Gruppe, die sich „Fit ab 50" nennt. Heute hat unser Kursleiter zuerst eine dreistündige Strecke ausgesucht, die fast nur bergauf geht. Das ist für mich sehr anstrengend. Ich bleibe auf Dauer die Letzte und zu der Quälerei kommt noch das schlechte Gewissen, dass die Gruppe dauernd auf mich warten muss. Nach kurzer Mittagspause, die zur Erholung nicht ausreicht, wollen wir „Big Feet" ausprobieren, das sind ganz kurze Skier, auf die man mit Abfahrtsstiefeln steigt und den Hang hinunterwedeln soll. Ich mag eigentlich gern abfahren, aber diese ungewohnten Stiefel! Mühsam absolviere ich alles mit Angst, obwohl sich Gunter, der Gruppenführer, rührend um mich kümmert. Entmutigt und kraftlos steige ich am Nachmittag wieder auf die Langlaufskier um. Mich hält nur noch die Aussicht auf den kurzen Heimweg aufrecht. Da schlägt Gunter vor, einen Umweg zu machen, damit wir den Sonnenuntergang von erhöhtem Platz aus erleben können. Ich bin die Einzige, die zaghaft dagegen protestiert und schließe mich dann der Gruppe an – wieder bergauf. Plötzlich fange ich an zu weinen, und nichts geht mehr. Erschreckt bleibt Gunter bei mir, während die anderen weiterziehen. Er nimmt mich in den Arm und geht mit mir zu einer Stelle, wo wir zwischen Bäumen die Sonne auch untergehen sehen können. Zuerst schweigen wir, d.h. ich schluchze noch ab und zu. Dann machen wir uns gemächlich auf den Heimweg und sprechen darüber, wie wichtig es ist, die eigenen Grenzen zu spüren und rechtzeitig zu artikulieren. *Ich hatte Vorwürfe erwartet und traf auf Verständnis. Das tat gut.*

Die Hefte und der Whisky

An dem Samstag hätte ich wirklich lieber mit meiner Familie einen Ausflug gemacht. Stattdessen saß ich vor drei Stapeln mit je 38 Heften, in denen Klassenarbeiten waren, die alle korrigiert werden mussten: Deutsch, Geschichte und Biologie.

Schon der Anblick der Papierberge deprimierte mich. Meine eigene Schuld! Warum hatte ich alle Arbeiten in einer Woche schreiben lassen! Nachdem meine Drei verschwunden waren, kochte ich erst einmal Kaffee. Mit diesem vermeintlichen Schwung schaffte ich bis zum Mittag gerade mal die Hälfte der deutschen Aufsätze. Nur noch fünf Stunden, dann würden sie zurückkommen. In meiner Verzweiflung griff ich – völlig ungeübt – zu Alkohol. Eine Flasche Whisky war das einzige alkoholische Getränk, das im Hause war. Ich trank das erste Glas wie bittere Medizin. Nach dem zweiten Glas fand ich die

Arbeiten alle fehlerfrei. Nach dem dritten wurde mir schlecht, sehr schlecht – und als meine Leute nach einem wunderschönen erholsamen Tag am Wasser zurückkamen, lag ich stöhnend in meinem Bett, mit einem nassen Waschlappen auf der Stirn. „Du hast ja kaum was geschafft", sagte Daniel. „Dann hättest du auch mit uns kommen können", ergänzten die Mädchen vorwurfsvoll.

**Anregungen für Überlastete,
die sich von ihrer Last befreien möchten:**

- *Innehalten und STOPP sagen.*

- *Nicht beeinflussbare Wartezeiten nutzen statt zu schimpfen.*

- *Die Seele baumeln lassen, trödeln...*

- *Vorbilder suchen – und endlich Prioritäten setzen.*

- *Einen Prozess in Gang setzen:*

*Vom Bewusstwerden der eigenen Grenzen
über Lösungsversuche mit Affirmationen
und mit Hilfe von Freunden und Partnern...
bis hin zum Treffen von Entscheidungen –
alles in kleinen praktischen Schritten.*

Whisky ist wirklich nicht die Lösung,
Scholi

*Ich betrachte mich aus der
Vogelperspektive*

32

4.
Wenn ich nicht schlafen kann

Es kann der Vollmond sein oder eine bevorstehende schwierige Entscheidung, es können die Nachwirkungen eines aufwühlenden Erlebnisses oder die Anspannung vor einer Reise sein, es kann Krankheit oder Sorge sein oder nur ein besonders schweres Abendessen, gepaart mit Alkoholgenuss – alles bewirkt, dass wir nicht schlafen können.

Kennen Sie auch die Qual schlafloser Nächte? Das Wühlen im Bett? Den Dauerblick auf die Uhr? Die Wucht trostloser Gedanken?

Die nächtlichen Lieder der Watislawa

Watislawa kann oft nicht schlafen. Entweder weil sie so traurig ist, seit ihr Mann gestorben ist, und sie sich einsam fühlt. Oder weil die Nachbarn in dem hellhörigen Mietshaus so laut sind. „Wenn sie nicht streiten, machen sie laute Musik. Wenn sie endlich schlafen, schnarchen sie laut durch die Wand." Zuerst hat Watislawa sich Ohrstöpsel gekauft. Dann hat sie Schlaftabletten genommen. Aber nun ist ihr etwas Besseres eingefallen. Sie setzt sich auf die Bettkante und singt *selbsterdachte Lieder zu selbsterdachten Melodien*. Eins dieser Lieder beginnt so: „Du Nacht, du Nacht, du Schreckgespenst – in meinem Traum du rennst und rennst . . ."
Als sie das zum ersten Mal gemacht hat, haben die Nachbarn sie am nächsten Tag angesprochen, sie solle mit dem grauslichen Gesinge in der Nacht aufhören. „Ja gern", hat sie geantwortet, „wenn Sie mit der Schnarchmusik aufhören."
So geht das hin und her. „Was aber das Beste ist", sagt

Watislawa verschmitzt, „sie können ja nicht sehen, dass ich dazu Gitarre spiele – natürlich nur so." Sie macht es mir vor, und es sieht echt aus.

Die nächtlichen Ungeheuer der Sabine

Sabine hat ein anderes Hilfsmittel gefunden gegen ihre Schlaf-störungen nach Alpträumen. Wenn die Traum-Ungeheuer sie so sehr verschreckt haben, dass sie nicht wieder einschlafen kann, zieht sie sich warme Socken an, geht in die Küche und kocht sich *Pellkartoffeln.* Während die Kartoffeln kochen, liest sie ein bisschen Zeitung und trinkt einen Nervenberuhigungs-tee. Dann isst sie die heißen Kartoffeln ohne Zutaten mit Ge-nuss. „Du glaubst gar nicht, wie gut ich danach wieder ein-schlafen kann. Manchmal stelle ich den Topf mit den Kartof-feln abends schon bereit, aber in *den* Nächten wache ich meistens gar nicht auf – komischerweise."

Sorgen um die Kinder

Birgit kann manchmal nicht schlafen, weil sie sich Sorgen um ihre erwachsenen Kinder macht: Ob sie auch genug für ihre Ausbildung tun? Dass sie nur nicht mit dem Auto verunglü-cken! Hoffentlich kommen sie mit ihrem Geld zurecht!

In einer der schlaflosen Nächte ging ihr auf, dass auch „lie-bevolles Sorgen" voller negativer Gedanken und Energien steckt. Sie fing an, umzudenken. „*Sobald sorgenvolle Vorstel-lungen sich aufdrängen, mache ich eine Wegwisch-Bewegung (wie auf einer Tafel) und ersetze sie durch positive Bilder:* Wie die Kinder gerade ihre Partner umarmen, wie sie lachend an ei-nem Tisch sitzen . . ." Abgesehen von einer neuen Einstellung zu den Kindern, bekam Birgit auch ihre Schlafstörungen in den Griff.

Wichtige Entscheidungen

Robert wälzte sich schlaflos im Bett, als eine wichtige Entscheidung anstand: Sollten sie ihrer zehnjährigen Tochter erlauben, eine Zirkusschule in einer anderen Stadt zu besuchen? Solche über Wochen andauernden Entscheidungsprozesse binden wesentliche Energien, die Robert eigentlich für seinen anstrengenden Beruf gebraucht hätte. Obwohl er und seine Frau lange Listen anfertigten mit PRO und CONTRA, holte ihn in der Nacht die Frage immer wieder ein. Je mehr Freunde er fragte, umso unentschiedener wurde er selbst. Was hat ihm letzten Endes geholfen, so dass er wieder gut schlafen konnte? Die Tochter ging zunächst in den Sommerferien probeweise zum Zirkus – und entschied sich dann, doch zu Hause zu bleiben. Robert hat daraus gelernt, wie wichtig „Loslassen" sein kann.

Vor vielen Jahren hatte ich es mir – gegen meine Intuition – in den Kopf setzen lassen, mich um eine Schulleiterstelle zu bewerben. Genauso wie bei Robert fertigte ich Listen an, malträtierte meine Umgebung mit Entscheidungsvorschlägen und hatte gestörten Schlaf. Ich geriet an den Rand meiner Leistungsfähigkeit, konnte keine Einheit zwischen Gefühl und Verstand herstellen und war an dem Tag der Wahl „außer mir".

Nachdem die Kollegen mir zwei Stimmen weniger gegeben hatten als meinem Konkurrenten und ich eigentlich hätte niedergeschlagen sein müssen, breitete sich eine heitere Gelöstheit in mir aus. Ich war wie befreit und alle, die mir „kondulierten", hätten mich eigentlich beglückwünschen können. Plötzlich wusste ich: Das passt doch gar nicht zu mir. Ich möchte etwas ganz anderes werden.

**Anregungen für Schlafgestörte,
die sich nach Schlummer sehnen:**

● *Die Schlafstörung annehmen und sie positiv nutzen,
nicht krampfhaft und wütend den Schlaf herbeitrotzen
wollen.*

● *Nicht mehr fragen: Warum ist mir das geschehen? sondern: Wozu wird das gut sein? Vieles, was uns im Augenblick so schlecht erscheint, kann uns für die Zukunft
auf einen guten Weg weisen.*

● *Loslassen und die Entscheidung den Mitmenschen, dem
Zufall, dem Lieben Gott oder den Schutzengeln überlas-
sen, wenn man selbst so sehr zerrissen ist, dass man
nicht schlafen kann.*

Natürlich gibt es auch äußere Gründe, warum ich manchmal
keinen Schlaf finde, z. B., wenn ich von Lärm belästigt werde.
Kein Zweifel – den meisten Menschen geht es schlecht, wenn
sie dem Lärm ausgesetzt sind, weniger schlecht, wenn sie den
Lärm selber produzieren. Die Diskobesucher sind längst nicht
so genervt wie die Nachbarn der Diskothek. Kindergeschrei ist
für die Kinder selbst nicht halb so schlimm wie für die Eltern.

Der Dampfer in Delphi

Ich hatte ein zauberhaftes Zimmer zugewiesen bekommen.
Am Hang – und vom Balkon einen Blick über den Ort bis hin
zum Meer. Dazu die Sonne und die Aussicht auf sieben Tage
Tanz – einfach himmlisch! Am ersten Abend saßen wir entspannt bei griechischem Wein auf der Terrasse. Der Duft des
Granatapfelbaums, die milde Luft und leise Musik ließen uns
weit weit weg vom norddeutschen Alltag sein. Glücklich be-
gebe ich mich auf mein Zimmer, genieße den Lichterblick

vom Balkon, lege mich voller Behagen ins Bett – um gleich danach senkrecht darin zu sitzen. Das darf doch nicht wahr sein! Direkt neben meinem Kopf geht ein Höllenlärm los. Etwas rattert und rumpelt, dröhnt und scheppert – unaufhörlich, endlos. Keine Ohrenstöpsel helfen. Sie machen den Ton nur ein wenig dumpfer. Soll ich hinunter zur Rezeption? Im Nachthemd? Der Lärm scheint von einem Ventilator zu kommen, den die Küchenmannschaft angestellt hat, bevor sie selbst schlafen gegangen ist. Keine Chance, dass er enden wird vor dem Morgen. Aber dann werde ich Bescheid sagen! Oder ein ruhiges Zimmer verlangen! Jetzt erst einmal lesen. Vielleicht hilft das. – Natürlich nicht! Ich kriege eine Wahnsinnswut. Das brutale Geräusch (die reinste Umweltverschmutzung) überträgt sich auf die Möbel. Mein Bettgestell scheint mitzuschwingen – und das, genau das, bringt mir die Rettung: Ich stelle mir vor, ich führe auf einem Dampfer rund um die Welt. Aus einem Schiff kann man ja nicht einfach aussteigen. Das gleichmäßige Stampfen der Maschine, das dumpfe Mahlen der Schiffsschrauben dröhnt mich in den Schlaf. Abend für Abend gehe ich nun in meine Kabine und lasse mich um die Welt schaukeln.

Meine Bitte um Abschaltung des infernalischen Gerätes wurde nämlich freundlich entgegengenommen und regelmäßig missachtet.

Der Ventilator

Diese *Umdeutung der Tatbestände* hat mir aber nur für diesen begrenzten Zeitraum am fremden Ort und im Urlaub geholfen. Jahre vorher waren wir in unsere erste eigene Wohnung gezogen. Im Erdgeschoss befand sich eine Kneipe. Zwei Ventilatoren waren ohne Lärmdämmung einfach so in die Außenwände gesetzt worden und verursachten ein Sirren und Schwingen und Rattern unerträglicher Art. Der Nachbar klagte erfolglos. Als dann noch das Gedröhne einer Musikbox dazu kam, gab es für uns nur noch die *Flucht*, den *Umzug auf's Land*.

Der echte Schnarcher

Mit etwa fünfunddreißig Jahren fing mein Mann nachts gelegentlich an zu schnarchen. Zuerst half es noch, wenn ich ihn ein bisschen anstupse. Dann drehte er sich im Schlaf auf die andere Seite, und bevor das Schnarchen wieder los ging, hatte ich Zeit, wieder einzuschlafen. Das nützte nach einigen Jahren nichts mehr. Kaum lag er, fing das Schnarchen schon an. Also bemühte ich mich, vor ihm im Bett zu sein und vor ihm einzuschlafen. Das hielt immer nur bis zu meiner ersten Flachschlafphase. Dann schrabbte mich das „Sägen" munter. An diesem Punkt pflegte ich mich im Bett zu wälzen und laut zu stöhnen in der Hoffnung, er würde statt meiner wach werden. Die Hoffnung trog. Sodann begann ich, ihn mordsmäßig zu verfluchen. Als mir klar wurde, dass es nicht mehr weit bis zum Mord sein würde, nahm ich mein Bettzeug und zog Nacht für Nacht auf das Sofa im Wohnzimmer. Auf die Idee, ihn zum HNO-Arzt zu schicken, kam ich zwar schon früh, aber er ging erst ziemlich spät. Triumphierend verkündete er nach dem Besuch: „Ich bin ein *echter* Schnarcher, hat Dr. H. festgestellt. Er kann nur was machen bei unechten Schnarchern." – „Und ich bin *echt* verzweifelt", antwortete ich. Seitdem haben wir *getrennte Schlafzimmer*, im Hotel wenigstens getrennt gestellte Betten, und ich bin Expertin für *Ohrenstöpsel*. Ab morgen probiere ich – nach „Ohropax" und „Lärmstopp" – Silikon-Bällchen aus: „Earplugs" aus den USA.

**Anregungen für Lärmgeschädigte,
die ihre Ruhe haben wollen:**

- *Umdeutung der Tatbestände*
- *Widerstand artikulieren (z. B. gegen Fluglärm)*
- *Flucht oder Umzug in eine ruhige Gegend*
- *Getrennte Schlafzimmer*
- *Ohrenstöpsel*

5.

Wenn mich die Mitmenschen nerven

Sie mögen alle Mitmenschen gern und regen sich nie über deren Verhalten auf? Dann können Sie dieses Kapitel überschlagen. Aber vielleicht kennen Sie das:

Wir alle gehen vermutlich irgendwann irgendwem „auf den Geist". Solange das kein Dauerzustand wird, ist es kaum erwähnenswert. Es gibt aber Mitmenschen, die uns durch ihr Verhalten oder ihre Angewohnheiten permanent empfindlich stören. Wir können Versuche starten, um sie auf ihr störendes Verhalten hinzuweisen. Manchmal haben wir damit Erfolg. Wenn nicht, müssen wir unser eigenes Verhalten ändern, damit wir möglichst unbeschadet davonkommen.

Ein Hoch auf Frau Paschke

In unserer Nachbarschaft wohnte Frau Meiler. Sie lief immer mit einer Leidensmiene herum und fing sofort an, einen vollzujammern, wenn man ihr begegnete. Ihr ging's schlecht, ihrem Mann ging's schlecht, den Kindern ging's schlecht – die Welt war schlecht und das Wetter sowieso. Dabei führte sie eigentlich ein ganz normales Leben. Ich versuchte, ihr möglichst nicht in den Weg zu laufen und wenn ich doch einmal wieder ihr Opfer wurde, wünschte ich ihr insgeheim, dass es ihr einmal wirklich schlecht gehen sollte, damit sie den Unterschied merkte.

Ausgerechnet der Frau Meiler, dieser Jammerjule, war ein sanfter Tod beschieden (die Wege des Herrn sind unergründlich) und es gab auch eine relativ große Trauergemeinde in der Kapelle („Vielleicht wollen alle sicher gehen, dass sie auch wirklich unter die Erde kommt", lästerte Nachbar Laue). Der Pastor mühte sich um eine halbwegs angemessene Rede, natürlich wurden viele ihrer Eigenschaften geschönt, was mich wie immer bei solchen Gelegenheiten ziemlich verdross. Aber wir alle wurden entschädigt durch einen genialen Versprecher, einen Freud'schen, wenn ich mich nicht irre. Am Ende seiner Ausführungen wolle er Agathe Meiler noch einen Vers auf ihren Weg in die Ewigkeit mitgeben, der, von ihrem Ehemann ausgesucht, so gut zu ihrer Lebenshaltung passe, sagte der Kirchenmann. Und dann kam es klar und deutlich von vorn: „Lerne klagen, ohne zu leiden." Die hastig hervorgestoßene Berichtigung ging in allgemeinem Gehuste unter.

Dagegen nun Frau Paschke, die unmittelbar neben dem gediegenen Haus der Meilers in einer Art Gartenlaube wohnte. Sie hatte ihren Mann, einen Invaliden, jahrelang mit Hingabe „zu Tode gepflegt", bekam eine minimale Rente und hielt sich mit einem kleinen Kiosk über Wasser. An dem bediente sie überwiegend Kinder, und denen schenkte sie das meiste aus Freude, sie zu sehen. Diese Frau traf ich eines Tages vor unserem Grundstück, als ich – wie meistens – problembeladen aus der Schule kam. Sie schleppte einen Korb voller Tannenzapfen, die sie im Wäldchen gesammelt hatte. Wozu? Zum Anheizen des Ofens, denn heute war Waschtag. „Ich kuddele nämlich so gern", sagte sie lachend und zockelte weiter. Plopp, war ich wieder auf der Erde, und meine Probleme waren keine mehr.

Unsere Freundin Jutta ging mit Jammer-Leuten, mit denen sie in ihrem Beruf häufig zu tun hatte, viel rigoroser um. Sie hatte sich Kärtchen drucken lassen, auf denen zu lesen war: *Ihr Schicksal greift mir ans Herz. Kein Mensch hat je so gelitten wie Sie. Seien Sie gewiss, dass ich sie aufrichtig bedaure.* Die verteilte Jutta ungeniert auch in Zugabteilen, wenn ihr „das Gesülze der Leute auf den Geist ging".

Erikas Stimme

Ich weiß, dass es ungerecht ist, aber ich bin so empfindlich ge-gen manche Stimmen, dass ich den Kontakt zu diesen Men-schen einschränke oder ganz meide. Ich finde, es ist eine Zu-mutung für die Mitmenschen, wenn jemand permanent zu laut oder zu leise spricht oder gar nuschelt – es sei denn, das ist krankheitsbedingt. Früher habe ich versucht, den Leuten zu Stimmkursen zu raten, doch das haben sie als Einmischung in ihre Intimsphäre empfunden, war es ja auch. Meine Intim-sphäre wird aber auch gestört, wenn ich Tag für Tag mit der Kollegin Erika umgehen muss, die ein hohes, gequetschtes, kieksendes, nicht modulationsfähiges Stimmorgan hat, das sie noch dazu mit einer Lautstärke einsetzt, die ein Fußballstadion erschrecken könnte. Genauso wie es den Spruch gibt: Ab einem bestimmten Alter sind die Menschen selbst verantwortlich für ihr Gesicht, sollte es analog einen für die Stimme geben. Die Leute laufen zu Frisören und Massören, Kosmetikerinnen und Chirurgen für plastische Chirurgie. Warum gehen so we-nige Menschen mit ihren Stimmproblemen zur Stimmbildne-rin? Weil sie ihre Stimme, mit der sie die Umwelt traktieren, nicht als Problem empfinden! Erika jedenfalls, der ich nach längeren vertrauensbildenden Maßnahmen endlich eine ent-sprechende Adresse zuschob, meinte erstaunt: „Wieso ich? Ich bin doch gar nicht heiser."

Anna und die Söckchen

Ebenso weh tut es mir (ja, ich weiß, das ist snobistisch), wenn Menschen, die ich mag, sich permanent unpassend anziehen. Ich spreche nicht von den Armen, die froh sind, dass sie über-haupt etwas anzuziehen haben. (Davon war ich nach dem Krieg in hohem Maße selbst betroffen in meiner gestückelten Klei-dung.) Ich spreche auch nicht davon, dass man jede Modewelle mitmachen sollte. Ich meine Leute in entsprechender Position mit entsprechendem Einkommen, die ohne Sinn für Form und Farbe ihren Körper irgendwie gedankenlos bedecken – in der

Öffentlichkeit. (Zu Hause können sie von mir aus jahrelang im grauen Schlafanzug herumlaufen.) Solch ein Fall war Anna. Sie kam jeden Morgen zur Schule, als hätte sie all ihren Ehrgeiz aufgebracht, um die am wenigsten zusammenpassenden Kleidungsstücke in ihrem Schrank zu finden und anzuziehen. Zu einer hochtaillierten Bluse (sie trug Größe 44) in rosé hatte sie einen engen grünen Rock an, dazu braune Perlonkniestrümpfe in blauen Halbschuhen. „Exorbitante Farbzusammenstellung!", lobte unser Sportlehrer jedes Mal grinsend. Das machte mich wütend, denn Anna war eine fähige Lehrerin und hilfsbereite Kollegin. Ich beschloss, sie zu einem Kleidereinkauf zu begleiten. Als einmal eine festliche Veranstaltung in der Schule vorgesehen war, suchte ich mit ihr zusammen ein Jackenkleid in lindgrüner fließender Seide aus. Sie schien sich sofort darin wohlzufühlen, und ich war glücklich, wie ansehnlich sie war. Am Abend des Festes freute ich mich schon im Voraus auf das erstaunte Gesicht des Sportlehrers. Er war zunächst auch sehr angetan, bis er weiter nach unten schaute und wieder sein süffisantes Lächeln aufsetzte. Ich folgte seinem Blick und erschrak. Zu dem schlicht eleganten Jackenkleid in lindgrün trug Anna ohne Bedenken zitronengelbe Söckchen in schwarzen Pumps. –

Die Unglückliche war ich, nicht etwa Anna.

Mariechens Geruch

Seit einiger Zeit verbringe ich den Sonntagabend in einer Gruppe von Frauen mit *Biodanza*, das wird mit „Tanz des Lebens" übersetzt, bringt dich tüchtig in Bewegung, innerlich und äußerlich, stärkt die Vitalität, fördert deine Ausdrucksmöglichkeiten . . . und macht Freude.

Die wird mir aber regelmäßig geschmälert durch die Ausdünstungen von Mariechen. Ich kann sie im wahrsten Sinne des Wortes nicht riechen. Sie kommt unauffällig duftend an, aber kaum ist sie in Schwung geraten, fängt sie derart an zu schwitzen, dass der ganze Raum stinkt. Bin ich zu empfindlich? Nein, eine andere Teilnehmerin hat sich mir auch schon anvertraut deswegen. Was sollen wir tun? Mariechen einen Deo-Roller schenken? Uns eine Wäscheklammer an die Nase klemmen? Es muss doch Mittel geben – notfalls in der Apotheke – gegen solch aufdringlichen Körpergeruch! Zunächst werde ich mich wohl an die Leiterin wenden, damit sie Mariechen darauf anspricht.

Der Alte auf der Alm

Ludwig hat vor vielen Jahren die mutige Konsequenz aus seinem Überdruss an den Macken der Zeitgenossen gezogen und ist „Aussteiger" als Kuhhirte auf einer Alm geworden. Er lebte in wunderschöner Umgebung und traumhafter Stille, hatte einen nahezu selbstbestimmten Tagesablauf, aber unter sehr einfachen Lebensbedingungen: Wasser aus dem Brunnen, Wärme vom selbstgeschlagenen Holz im Kamin, Licht von Petroleumlampen und Kerzen, Herzhäuschen im Schuppen. Dazu kamen große Erschwernisse im Winter wegen des Schneefalls. Seine Weltverbundenheit erhielt er sich durch ein batteriebetriebenes Radio und durch intensives Lesen internationaler Literatur. Wenn er im Februar oder März unser Skiwander-Lehrer war, quoll er über von Wissen und hatte großen Gesprächsbedarf. Jetzt ist er – alt und krank – nach unten ins Tal gezogen. Als ich ihm die Frage stellte nach Schlechtgehn und Guttun, antwortete er: „An einem sonnigen Februartag mit euch mählichen Langlaufschrittes zur Dürrnbachalm gehen, vor der alten Hütte sitzen, frisches Brunnenwasser trinken, dem Ping-Pang der Dachtropfen lauschen und den gleichen Weg abwärts gleiten – das tut gut."

In guter Absicht

Beim Heidespaziergang stellen Daniel und ich fest, dass viele Leute ausgesprochen muffelig aussehen. Wir machen daraufhin den „Guten-Tag-Test". Wenige Spaziergänger grüßen von sich aus, obwohl wir streckenweise sehr nah aneinander vorbei müssen. Wenn wir als erste grüßen, taut manches unfrohe Gesicht durch Lächeln spontan auf. Manche Menschen fühlen sich auch durch unseren Gruß gestört. Sie waren in Gedanken oder ins Gespräch vertieft und werden durch den Zwang zur Reaktion darin unterbrochen. Wir haben unsere Mitmenschen in guter Absicht genervt. Nun grüßen wir nur noch, wenn vorher Blickkontakt möglich war.

Immer zu spät

Gabriele gehört zu den Menschen, die nicht angemessen mit ihrer und unserer Zeit umgehen können. Als ich mich das erste Mal mit ihr telefonisch verabredete, dachte ich, die ich mich für ziemlich pünktlich halte, ich hätte meine Meisterin gefunden. Sie sagte: „Dann hole ich dich um 19.15 Uhr mit dem Auto ab. Nein, besser bin ich um 19.12 Uhr vor deiner Tür. Und du stehst dann da schon." Ich stand 19.10 Uhr auf der Straße bereit. 19.30 Uhr stand ich immer noch da. Zwischendurch rannte ich wieder ins Haus, um bei Gabriele anzurufen. Vielleicht hatten wir uns im Datum geirrt. Es meldete sich niemand. Als ich 19.35 Uhr wieder nach draußen kam, war sie da und sagte vorwurfsvoll: „Nun kommen wir zu spät, weil du nicht fertig warst." Meine Einwände überhörte sie. Ihre Verspätung erwähnte sie mit keinem Wort. Wir waren nicht rechtzeitig bei der Veranstaltung. Ein befreundeter Kollege grinste nur, als er mich in Begleitung von Gabriele sah. „Hat sie sich mit dir auch auf die Minute festgelegt und kam dann eine halbe Stunde später? Alles Selbstbetrug! Sie schafft es einfach nicht, pünktlich zu sein."

Beim nächsten Mal holte ich sie mit dem Auto ab und musste darin zwanzig Minuten warten. Das war's dann. Mit ihr traf ich keine Vereinbarungen mehr, bei denen es um Pünktlichkeit ging.

Im privaten Bereich können wir uns so wie bei Gabriele helfen. Richtig unangenehm und unkollegial wird es jedoch, wenn solche Menschen durch ihren chaotischen Umgang mit Zeit ganze Gruppen in Not bringen.

Gladys, der Gruppenschreck

Unser Schwiegersohn, der eine amerikanische Studentengruppe durch Deutschland führte, hatte eine Ko-Gruppenleiterin, die grundsätzlich zu spät kam zu den Treffen.

Dabei hatte sie den Zeitplan mit aufgestellt. Eine lange vorbereitete Museumsführung mit einer bedeutenden Persönlichkeit geriet ins Wanken und wurde stark abgekürzt, weil alle da waren, nur Gladys nicht.

Der Busfahrer musste auf sie warten, während alle anderen schon auf ihren Plätzen saßen, und dadurch verschob sich auch die Ankunft in der nächsten Stadt.

In Berlin hatten sie mit großer Mühe noch Karten für die Philharmonie bekommen. Wer war nirgends zu sehen? Gladys! Als es zum dritten Mal klingelte, ging die Gruppe geschlossen auf ihre Plätze. Die Karte für Gladys wurde im Foyer hinterlegt, und so kam sie erst nach der Pause in den Genuss des Konzertes.

Änderte sie ihr gruppenschädigendes Verhalten danach?

Aber nicht doch! Und sie entschuldigte sich auch nie.

Als es um den Abflug zurück nach den USA ging, betraute unser Schwiegersohn eine sehr verlässliche Studentin mit der Aufgabe, Gladys rechtzeitig zu wecken, zum Frühstück abzuholen, aus dem Zimmer mitsamt Gepäck zum Bus zu begleiten und sie so wie unter Bewachung ins Flugzeug zu geleiten. Als Gladys dann rechtzeitig auf ihrem seat neben ihm saß, flüsterte sie ihm schelmisch zu:

„Pat hat sich heute rührend um mich gekümmert. Ich wusste gar nicht, dass sie so sehr an mir hängt."

Das Wörtchen „mal"

Es gibt noch die faulen Aufschieber („Das machen wir dann mal – wir verabreden uns dann mal – damit können wir uns ja mal beschäftigen..."), die mir mit ihrem dauernden „mal" auf den Geist gehen. Den Kontakt lasse ich sein, wenn es mir möglich ist, oder ich setze gleich Termine fest, wenn mir an der Person oder Sache liegt. Dann müssen sie sich festlegen. Schlimm wird es nur, wenn solch ein Aufschieber dein Ehemann ist:

Uschi hatte über Jahre das „mal" von ihrem Mann gehört, wenn es darum ging, das Treppenhaus neu zu streichen. Eines Tages, als ihr Mann auf Geschäftsreise war, bestellte sie den Anstreicher, und es war in wenigen Tagen erledigt. „Was hat Jost denn dazu gesagt?", fragte ich. „Du wirst es nicht glauben, aber er hat es zuerst gar nicht gemerkt, als er zurückkam – erst an der Rechnung."

Wichtigtuer

Mich nerven auch die Leute, die sich und ihre banalen Angelegenheiten so furchtbar wichtig nehmen. Sie verkünden ihre einfachsten Verrichtungen mit einer Miene, als würden sie eine Regierungserklärung abgeben. „Mein Auto muss zur Inspektion. – Gernot hat sich erkältet. – Ich habe die Gardinen gewaschen." Dabei machen sie dann noch so ein halb beleidigtes Gesicht, und wenn ich es wage, „Na, und!?" zu fragen, dann sind sie ganz beleidigt.

Denen gehe ich wirklich gern aus dem Weg.

Schlampen

Unordnung kann ich auch nur solange ertragen, wie sie zur Arbeit dazugehört. Unordentliche Menschen, die immer alles herumliegen lassen, von der schmutzigen Wäsche bis zum angebissenen Käsebrot, halte ich nicht in meiner Nähe aus. Ich habe jahrelang gedacht, ich sei eben zickig auf dem Ordnungssektor, aber seit ich einen Kurs gemacht habe über die „Neue Phänomenologie nach Hermann Schmitz" fühle ich mich entlastet. Demnach bin ich eine Zyklothymikerin, und das sind Menschen, die sich nur wohlfühlen, wenn das Ambiente stimmt.

Wenn ich so weitermache, gelte ich als Menschenfeindin. Wer bleibt denn dieser anspruchsvollen Frau noch zum Liebhaben übrig? Ooch, da gibt's die Zuverlässigen, die Herzlichen, die Treuen, die Hilfsbereiten, die Tüchtigen, die Ehrlichen, die Zärtlichen . . . Aber erwähnen muss ich doch noch die

Nicht-Bedanker

Ich schicke eine Einladung, vielleicht sogar ein kleines Geschenk, an Leute, die ich mit Recht zu meinen Freunden zähle, und bekomme keine Antwort – nicht nach Tagen, nicht nach Wochen. Es kann ja mal an der Post liegen, aber auf Dauer muss ich mich wohl damit abfinden, dass diese Leute nichts mehr mit mir zu tun haben wollen. Vielleicht habe ich sie auch genervt mit meiner Aufdringlichkeit?! Der vorangehende Zustand der Ungewissheit schmerzt mich mehr als meine endliche Entscheidung, den Kontakt aufzugeben.

Engel aufs Dach

Sehr viel klüger als ich ist Sigrid mit einem ihrer nervenden Mitmenschen, ihrem unfreundlichen Nachbarn, umgegangen. Er hat sie bei ihrem Einzug schikaniert, weil er sich über das neue Haus in seiner unmittelbaren Nachbarschaft geärgert hat. Er hat ihr Essensreste in den Briefkasten geworfen, hat eine frisch betonierte Mauer beschädigt, ihr Auto verkratzt . . . Jede Annäherung ihrerseits beantwortete er so, dass er seinen Hund auf sie hetzte. Was tun? Sigrid erfuhr, dass er wie ein Einsiedler ohne Kontakte lebt und dass er eine junge Familie auf der anderen Seite seines Grundstücks schon weggeekelt hatte mit seinen Methoden. Sigrid wollte aber dableiben. Aus ihrer unbändigen Wut wurde Nachdenklichkeit. Sie traf sich mit ihren Freundinnen, um zu beratschlagen, was zu tun sei. „Wir müssen herausfinden, was ihm fehlt", sagte die eine. Dadurch kamen sie auf die Lösung: Dem Kerl fehlt Liebe, Wärme, Herzlichkeit. So setzten sie sich hin, meditierten und „schickten" in Gedanken dem Mann „Engel aufs Dach", die ihn mit Liebe und Wärme und Herzlichkeit umfangen sollten. „Ich weiß nicht, ob er das alles gespürt hat", meint Sigrid. „Aber geholfen hat es. Keine Schikane mehr seitdem."

Anregungen für Genervte, die den Umgang mit nervenden Mitmenschen lernen wollen:

- *Konsequenz bei Dauer-Unpünktlichen: Selbst pünktlich sein, den Zeitplan einhalten und die Warterei aufgeben. Manche ändern dann ihr Verhalten und versuchen mehr Zeitstruktur in ihren Alltag zu bringen. Bei den anderen, den Resistenten, die gemeinsame Unternehmung, besonders das gemeinsame Reisen früher oder später meiden.*

- *Vergleiche von Mensch zu Mensch ziehen (wie bei Frau Paschke) um uns aus abgehobener Einäugigkeit zu befreien und neu zu erden.*

- *Bei Belästigungen durch unsere Mitmenschen überlegen, wie wir mit den Betreffenden künftig umgehen wollen: Sich abfinden oder den Kontakt ganz abbrechen!*

- *Wenn Aussicht auf Erfolg besteht, den Mitmenschen auf sein Verhalten ansprechen und ihn bitten, es zu ändern. Das setzt aber den guten Willen des Beteiligten voraus.*

- *Selbst die Initiative ergreifen, dann bin ich weniger genervt.*

- *Mich in die Rolle des anderen versetzen – mit allen möglichen Konsequenzen.*

- *Umdenken und den Personen „Engel aufs Dach" schicken, d. h. den Teufelskreis aus gegenseitiger Beschädigung unterbrechen, indem wir dem Verursacher das mental zukommen lassen, was ihm am meisten fehlt: Liebe, Wärme, Vertrauen.*
  Ich denke, das hilft nur, wenn wir es „reinen Herzens" versuchen und es ehrlich meinen.

6.
Wenn wir Beziehungsprobleme haben

Gehören Sie etwa zu den Leuten, die jeden Streit für unan-
ständig halten? Dann sollten Sie dieses Kapitel besonders
aufmerksam lesen.

Wenn alte Eheleute bei der Goldenen Hochzeit gefragt werden, wie sie es so lange miteinander ausgehalten haben, und
sie antworten „weil wir uns nie gestritten haben", könnte ich
heulen. So viel Lüge oder so viel Selbstverleugnung tut weh.
Probleme zwischen Menschen, die in einer engen Beziehung
leben, sind unumgänglich. Streiten verbindet, wenn es in Liebe und gegenseitiger Achtung stattfindet, weil alte Muster auf-
gebrochen und unerkannte Verletzungen geheilt werden können. Aber es ist nicht das Einzige, was hilft.

Terrassentür contra Bachkonzert

Janina und Hannes hatten seit langem Karten für ein Bach-
konzert, auf das sie sich sehr freuten, denn die Liebe zur Musik,
besonders zu klassischer Musik, war ein festes gemeinsames
Fundament ihrer Ehe. Kurz bevor sie sich für den Konzertbe-
such umziehen wollten, hatte Janina die klemmende Terrassentür schließen wollen und mit der halb gemurmelten Bemer-
kung: „Ob ich es wohl in diesem Leben noch einmal erlebe,
dass du irgendetwas in diesem Haus reparieren kannst?" einen
der schlimmsten Ehekräche heraufbeschworen, den sie in vier-
undzwanzig Jahren gehabt hatten. Hannes fand ihre Bemer-
kung abgrundtief verletzend, sie konterte mit seiner Neigung
zum Aufbauschen von Kleinigkeiten, worauf er ihr ihre gene-
relle Unordnung vorhielt . . . und schon warfen sie sich ihre

jahrelangen Fehler wie schmutzige Lumpen vor die Füße. Beide zogen sich nach dem lauten Wortwechsel verbittert in ihre Zimmer zurück und schmollten. Als es kurz vor 19 Uhr war (um 19 Uhr hätten sie losfahren müssen), hielt es der sparsame Hannes nicht mehr aus. Er klopfte bei Janina an, wedelte mit den Konzertkarten vor ihrem Gesicht herum und sagte gewollt beiläufig: „Dann können wir die ja wegschmeißen." Statt einer Antwort rannte Janina mit ihrem Theaterkostüm auf dem Arm ins Bad und auch Hannes zog sich schnell um. Zehn Minuten später saßen beide schweigend nebeneinander im Auto und nach dreißig Minuten ebenso schweigend nebeneinander im Konzertsaal. „Bis zur Pause habe ich die Musik gar nicht richtig wahrgenommen, so sehr ging mir unser böser Streit noch durch den Kopf", berichtet Janina, „aber in der Pause sahen wir uns zum ersten Mal wieder in die Augen und brachten einen Mini-Dialog wegen der Getränkebestellung zustande." Danach konnten sich beide besser der Musik öffnen, so dass sie schließlich ganz erfüllt und beglückt nach Hause zurückkehrten und sich vor der Terrassentür in die Arme nahmen.

Ähnlich erging es mir bei einem Besuch im Hamburger Michel. Wir hatten uns die teuren Karten für das begehrte Garbarek-Konzert sehr früh besorgt, waren auch zeitig genug angekommen, fanden aber keinen Parkplatz. Wegen des starken Regens hatte das Personal außerdem die Türen eher geöffnet, so dass nahezu alle Plätze besetzt waren, als wir endlich triefnass erschienen. Wir fanden weit oben, wo wir keinerlei Sicht auf die „Bühne" hatten, mit Mühe noch zwei enge Plätze auf einer harten Kirchenbank. Ungern rückten die Leute für uns zusammen. Die Begleitumstände hatten sich so unerwartet negativ entwickelt, dass ich ganz schlechte Laune bekam und am liebsten nach Hause gefahren wäre. Da setzte das Saxophon ein, die Töne schwebten, wie von Engeln getragen, durch den grandiosen Kirchenraum – und dann kamen die faszinierenden A-Capella-Stimmen des Hilliard Ensembles dazu . . . Vergessen war der Alltagsstress. Als die Sänger außerdem während eines Gesanges langsam durch das Kirchenschiff unten schritten, so dass wir sie auch einmal sehen konnten, war mein Gleichgewicht wiederhergestellt – durch den Zauber der Musik.

Die Reise

Anne hatte sich so auf die Reise mit ihrem Mann, einem Hobby-Chorsänger, gefreut, und wieder sagte er sie kurz vorher ab, weil eine Chorreise zum gleichen Zeitpunkt für ihn wichtiger war. In den Fällen zuvor hatte Anne dann geweint und geschmollt. Er hatte Besserung gelobt – und war weggefahren. Dieses Mal machte sie es anders: Sie fuhr ohne ihn nach Andalusien und nahm eine Freundin mit. Als sie absichtlich einen Tag später wieder nach Hause kam als er, war er wie umgewandelt. Beim nächsten Mal wird er der gemeinsamen Reise Vorrang einräumen.

Pflegeheim

Sigrid ist in großer Angst wegen ihrer Schwiegermutter, die zunehmend pflegebedürftig ist, aber nicht ins Heim will. Die Pflegekräfte wechseln dauernd und können es ambulant kaum noch schaffen. Der Konflikt verstärkt sich von Tag zu Tag. Sigrids Mann, der Sohn der alten Frau, tut so, als ginge ihn das alles nichts an. Aber Sigrid fühlt sich verantwortlich und kann schon nicht mehr ruhig schlafen. Das Problem wird größer und größer. Sie versucht sich mit Sprüchen zu helfen: „Es hat noch immer einen Weg gegeben." – „Wenn du denkst, es geht nicht mehr, kommt von irgendwo ein Lichtlein her." – Das „Lichtlein" kommt in ungewöhnlicher Form: Die ruhige beherrschte Sigrid bekommt einen gewaltigen Wutausbruch, einen Jahrhundert-Ausbruch Marke „Vulkan" gegen ihren Mann. Er hat das Fass zum Überlaufen gebracht, indem er am Abend sagt, sie solle mit der Jammerei aufhören. Am nächsten Tag ist eine Lösung gefunden.

PMS oder die vertrackte Gleichzeitigkeit

Es hat sehr lange gedauert, bis wir in unserer Ehe einen Modus gefunden haben, wie wir mit meinem regelmäßig wiederkehrenden prämenstruellen Syndrom (PMS) umgehen könnten. Ich war an den Tagen vor der Regel oft sehr nervös, empfindlich und schlecht gelaunt. Zuerst habe ich es selbst jedes Mal wieder vergessen, woher dieser Zustand kam und habe ihn auf andere und anderes geschoben. Als ich mich endlich damit arrangiert hatte, war es aber noch ein weiter Weg zu Daniel, der mit Vorwürfen auf mein Verhalten reagierte und fast immer zur gleichen Zeit auch „seine Tage" zu haben schien. So war gegenseitiger Trost kaum möglich, und die Streitereien eskalierten. Sich möglichst aus dem Weg gehen, war dann die eine Lösung, die bessere bestand in einem Zeichen (ein rotes Fähnchen an einem bestimmten Platz) und meiner dringenden Bitte, mich einfach nur fest in die Arme zu nehmen.

Helga räumt an solchen Tagen oft die Möbel um. Horst kommt von der Arbeit, sieht die Veränderung und dreht gleich ab – in die Kneipe.

Rita und Robert spielen in knistrigen Phasen am liebsten Streit-Patience. „Das zieht schon mal kriminelle Energie ab", konstatiert Rita sachlich.

Urlaub

In vielen Familien oder Partnerschaften kommt es in den ersten Urlaubstagen zu Spannungen. Wer sich darauf frühzeitig einstellt, kann manchen Ärger vermeiden. Wenn Silke mit ihrem Partner in einem Ferienort ankommt, unternehmen sie erst einmal etwas getrennt, damit beide Zeit haben, sich auf die Umgebung einzustellen. Silke erkundet allein möglichst weite Strecken mit dem Fahrrad, bekommt in der Natur Abstand von ihrem Stress, während Roy im Ort herumbummelt, mit Leuten redet und Informationen sammelt. Wenn sie sich

Stunden später treffen, hat sich zumeist die Erholungsstimmung schon eingestellt.

Apropos Reisen: Während unserer siebenjährigen Umbauphase an dem Haus, in dem wir wohnten, gab es zahlreiche Zerreißproben für die Nerven und dadurch auch für unsere Ehe. Einige Male haben uns nur noch Wochenend-Reisen geholfen, die wir trotz karger Kasse spontan unternommen haben. Am Zwischenahrner Meer z. B. konnten wir laufen und reden und schwimmen und gut essen, hatten nicht dauernd die Baustelle vor uns und brauchten auch keine Angst um die Kinder zu haben, weil sie schon alt genug waren, um sich für zwei Tage selbst zu versorgen. Wir kamen uns wieder näher ohne den Terminplan zwischen uns. Die kleine Pause in fremder Umgebung tat gut. Sie relativierte die Nöte des Alltags.

Der Bruder und der Fernseher

Es gibt Beziehungsprobleme, die schwer allein in den Griff zu bekommen sind und womöglich professioneller Hilfe bedürfen. (Zum Beispiel gibt es „Familienaufstellungen" nach Bert Hellinger, die oft helfen.) Das sieht auch Janine so, obwohl sie sich bisher immer noch selbst geholfen hat in Situationen wie diesen: Während ihrer Abwesenheit holt Janines Bruder ihren Fernseher aus ihrem Zimmer in seine Wohnung, ohne sie vorher gefragt zu haben. Als Janine ihre Mutter, die bei dem „Diebstahl" anwesend war, empört zur Rechenschaft zieht, antwortet diese hilflos mit Sätzen wie: „Du kennst ihn doch. Du warst ja nicht da und brauchst den Fernseher nicht oft. Was sollte ich denn machen?" Schon des Öfteren hatte der Bruder Sachen von Janine einfach genommen und sie schmutzig oder kaputt irgendwann wieder zurückgebracht. Janine fühlt sich nicht nur von dem Bruder hintergangen, sondern auch von der Mutter verraten. Damit sie nicht anfängt zu schreien und zu toben, hat sie folgende Strategie für sich entwickelt:

Abstand gewinnen: Sie fährt schnell zu ihrer besten Freundin und erzählt alles.

Verständnis und Wertschätzung erfahren: Die Freundin ist ganz auf ihrer Seite.

Zur Ruhe kommen: Die Freundin kocht Tee, macht Kerzen an, schafft eine wohlige Atmosphäre.

Lösungen erarbeiten: Soll ich zum Bruder fahren und den Fernseher zurückholen? Soll ich ihm ein Ultimatum stellen, bis wann der Fernseher wieder zurückgebracht werden muss? Soll ich mir einen neuen Fernseher kaufen und mein Zimmer abschließen mit einem Schlüssel, den es nur einmal gibt?

Neue Lebensperspektiven entwickeln: Zu Hause ausziehen, sobald wie möglich, denn Janine hält es für unmöglich, das Verhalten ihrer Mutter zu dem Bruder zu verändern.

Mit Herzklopfen

Zwischen meiner Freundin und mir gab es Missstimmungen. Ich hatte mich bei ihrer Geburtstagsfeier von ihr nicht richtig wertgeschätzt gefühlt. Später schrieb ich ihr eine missverständliche Karte mit gemischten Botschaften – das gute, vor allem klare Verhältnis schien gestört zu sein. Beim nächsten Treffen wagte sie den ersten Schritt und äußerte ihre Wut über die Karte. Weil ich nicht in der Retourkutsche sitzen wollte, nahm ich die Kritik einfach entgegen. Nach einer Nacht voller Bedenken, die sich im Dunkeln ins Unermessliche steigerten, rang ich mich am nächsten Morgen mit Herzklopfen dazu durch, ihr am Telefon meine Enttäuschung über ihr Verhalten damals zu gestehen. Und siehe da, sie konnte meine Gefühle nachvollziehen und entschuldigte sich für ihren Fehler. Ich bin sehr erleichtert und merke: *Ich muss weiter trainieren, gleich offen zu reagieren, wenn ich mich gekränkt fühle, damit es nicht zum Stau kommt.*

Das ist wichtig für mich

Hanna (2. Schuljahr) kam eines Morgens weinend in die Klasse. Sie hatte sich mit ihrem Vater verzankt, war ohne Abschiedskuss in die Schule gestürmt, und nun war ihr aufgegangen, dass er für mehrere Tage verreist sein würde.

Die Mitschüler und -schülerinnen reagierten nicht nur verständnisvoll, sondern berichteten sofort von eigenen Erlebnissen dieser Art. „Das ist wichtig für mich, dass ich mich mit meinen Eltern vertrage", sagte Hanna, und die anderen nickten. Ich ergriff die Gelegenheit, mit den Kindern ein Buch zu dem Thema zu machen (wir hatten eine Freinet-Druckerei), in dem sie festhielten, was ihnen wichtig ist. Die guten Beziehungen in der Familie standen an erster Stelle, danach kamen eigene Leistungen und zum Schluss erst Materielles.

Maike (11 Jahre) sagt: „Ich war so wütend auf eine Freundin, die Schlechtes über mich verbreitet hat. Das habe ich Mama erzählt. Da hat sie mich getröstet: ‚Nicht darauf reagieren! Nicht darum kümmern! Einfach vergnügt weiterleben!' Dann ging's besser. – Und wenn Mama nicht da ist, kuschele ich erst einmal mit meinen Tieren, den echten (Kaninchen) oder den Kuscheltieren auf meinem Bett."

So wie den Kindern geht es auch manchem Erwachsenen. Ruth schreibt: „Wenn es in der Beziehung zu meinem Mann schlecht stand am Anfang unserer Ehe, ging es mir selbst auch schlecht. Das hat sich erst im Lauf der Jahre etwas abgemildert. Ich kann jetzt besser trennen zwischen *uns* und *mir*."

Aus den Antworten auf meinen Fragebogen – und nicht nur daraus – schließe ich: Frauen scheinen unter Beziehungsproblemen mehr zu leiden als Männer. Oder nehmen sie die Störungen deutlicher wahr und sprechen sie deshalb auch häufiger an?

**Anregungen für Mitmenschen,
die ihre „Beziehungskisten" in Ordnung halten wollen:**

- *Musik hören, erleben oder aktiv gestalten.*
  Glücklich die Menschen, die sich ans Klavier setzen können und mit harmonischen Tonfolgen oder mit kraftvollen Dissonanzen ihre Probleme „wegspielen" können!

- *Sich nicht alles zu jeder Zeit (auch nicht von geliebten Menschen) gefallen lassen, sondern nach eigenen Wegen suchen – und wenn's ein Wutausbruch ist.*

- *Einen Handlungsplan erstellen und gewappnet sein.*
  Dazu kann gehören, dass ich mich frage: „Was mache ich konkret, wenn . . . der Partner / die Partnerin wieder sein Versprechen nicht hält, wieder nicht zuhört, wieder sein Ego über meines stellt . . .?" Dann bin ich vorbereitet und kann schneller und überlegter reagieren beim nächsten Konfliktfall.

- *Durch Ortswechsel und kleine Reisen die Lage entspannen und zur Klärung beitragen.*

- *Nicht zu lange und zu viel Kritik aufschieben.*
  Sonst entsteht ein Druck, der irgendwann unkontrolliert zu einem überproportionalen „Ausbruch" führt, und dann ist manchmal nichts mehr zu retten.

- *Frühzeitig über eigenes Fehlverhalten sprechen und Vertrauen entwickeln in die Möglichkeit, Fehler machen zu dürfen.*

- *Die große Bedeutung der Familie (in allen ihren heutigen Ausprägungen) erkennen und wertschätzen.*

- *Nicht gleich an Scheidung denken. Eine übereilte Trennung schiebt die Probleme nur auf, die dann beim nächsten Partner in leicht veränderter Form erneut auftreten.*

- *Intensive Arbeit an der gemeinsamen Partnerschaft leisten, immer wieder neue Versuche bedeuten auch eine Menge Freude.*

7.

Wenn Erwartungen enttäuscht werden

„Am besten man hat gar keine Erwartungen", sagte meine Freundin Hilde immer, „dann können sie auch nicht enttäuscht werden." Aber wie geht das? Je älter ich werde, umso genauer sind meine Erwartungen, weil sich vieles im Leben in ähnlicher Weise wiederholt. Wenn ich zum Arzt gehe, kenne ich den Ablauf genauso, wie wenn ich in ein Restaurant einkehre. Ich bin nicht darauf vorbereitet, dass die Sprechstundenhilfe mir eine Speisekarte reicht oder der Kellner meine Versicherungskarte sehen will. Wenn ich zu einem Fest eingeladen werde, erwarte ich keine Beerdigung, und wenn mich meine Töchter anrufen, wäre ich höchst verwirrt, falls sie mich plötzlich siezen würden.

Geht es Ihnen auch so wie mir? Sind Sie manchmal gefangen in Ihren Erwartungen? Oder können Sie sich davon befreien? Können Sie sich leer machen und offen sein vor einer neuen Begegnung?

Regine und die Puderdose

Mit allen Mädchen in meiner Klasse kam ich gut zurecht, nur mit Regine nicht. Sie behandelte mich von oben herab, und ich fühlte mich ihr unterlegen. Ich hätte sie so gern zur Freundin gehabt mit meinen dreizehn Jahren, aber ich wusste überhaupt nicht, wie ich das anstellen sollte. Überraschend erhielt ich von einem Geschäftspartner meines Vaters zu Weihnachten eine Puderdose geschenkt. Rotes Leder, wundervoller Duft, goldener Verschluss. Ich war be- und entgeistert zugleich. Immer wieder hielt ich sie in den Händen, ohne zu wagen, sie zu benutzen, und langsam reifte in mir der Entschluss, sie Regine zu geben. Wenn ich auf so etwas Kostbares verzichten würde, um es ihr zu schenken, ob sie dann nicht eher zur Freundschaft geneigt wäre?! Ich wickelte die Dose in Geschenkpapier und legte sie am ersten Schultag nach den Ferien auf Regines Platz. Als sie kam, beobachtete ich sie genau. Sie runzelte ihre schöne Stirn, sah sich um, wickelte dann das Geschenk aus und fing schallend an zu lachen: „Das soll wohl ein Witz sein! Eine Puderdose! Wem ist denn diese Schnapsidee gekommen?" Ich machte mich so klein ich konnte und tat, als ob ich Wichtiges zu schreiben hätte. „Ausgerechnet mir!", fuhr sie empört fort, und ihre Sitznachbarin assistierte eilfertig: „Wo doch jeder weiß, dass Regine den reinsten Teint von uns allen hat!" Wütend nahm Regine die Dose, guckte sich kurz um im Klassenraum und schritt dann auf mich zu. Während sie mir das Geschenk zurückgab, sagte sie höhnisch und laut, damit es ja alle hören konnten: „Dieses Ding hat wohl eher Eva nötig. Damit kann sie ihre Pickel überpudern."

Schmerzhafte Erkenntnis: Freundschaft kann man nicht mit Geschenken erkaufen und schon gar nicht mit solchen, die nicht zum Empfänger passen. In meiner verstiegenen Verzichtshaltung hatte ich völlig außer Acht gelassen, dass Regines makellose Haut so ziemlich die letzte war, die Puder benötigte.

Warten

Manche Erwartungen entstehen aus einem Versprechen. Ich habe mit den Kindern nach dem Wahlspruch gelebt: „Was man versprochen hat, soll man auch halten." Deshalb kann ich Leuten nicht trauen, die zuerst Erwartungen wecken durch Versprechungen, um sie dann zu vergessen. Nie werde ich das traurige Gesicht unserer Ältesten (damals fünf Jahre alt) vergessen, als sie eine volle Stunde vergeblich auf einem Baumstumpf ausgeharrt hatte, um auf einen älteren Nachbarssohn zu warten, der versprochen hatte, sie mit in den Zirkus zu nehmen. Voller Enttäuschung wartete sie dann im Haus weiter auf einen Anruf von ihm. Er rief nicht an, kam nicht, entschuldigte sich auch später nicht, und von mir auf diesen Vertrauensbruch angesprochen, entgegnete er grinsend: „Ich dachte, sie hat es auch vergessen. Die ist ja noch so klein."

Hoffentlich hat sich der Knabe gemerkt, dass man Versprechungen nur geben sollte, wenn man sie auch einhalten kann – besonders Kindern gegenüber.

Jetzt wächst zusammen

Olaf ist sehr enttäuscht in seinen Erwartungen bezüglich der deutschen Einheit. Er hatte erwartet, dass das Zusammenwachsen schwierig, aber gleichberechtigt konstruktiv ablaufen würde. Nun sieht er viel Schuld bei den Medien. „Die haben häufig krampfhaft nur nach negativen Beispielen, Meinungen und Äußerungen gesucht, obwohl es sicher sehr viel mehr Positives gibt. So wird Missmut erzeugt. Man sollte aber optimistisch in die Zukunft sehen nach dem Motto: Das Glas ist halbvoll."

Er engagiert sich jetzt in einer „gemischt-deutschen" Gruppe, um wenigstens im Kleinen gegen den Medienpessimismus anzugehen.

Der Gesprächskreis

Mit einer anderen Art von getäuschter Erwartung sah sich Beate konfrontiert: Voller Begeisterung gründete sie mit befreundeten Paaren einen Gesprächskreis. Sie legten fest, dass sie sich einmal im Monat bei Tee und Gebäck jeweils in einem anderen Haushalt treffen wollten, um über ein bestimmtes Thema zu diskutieren. Eines der Pärchen sorgte umschichtig für einen Vortrag oder eine andere Gesprächsgrundlage. Das Unternehmen lief zunächst gut an, uferte dann aber aus: Der kleine Imbiss geriet zum mehrgängigen Abendessen, mit dem sich die Hausfrauen gegenseitig übertrumpfen wollten. Dadurch schrumpfte die Zeit für den geistigen Beitrag erheblich – sowohl quantitativ als auch qualitativ. Am Ende klönte man nur noch – getrennt nach Herren und Damen. Daraufhin verließen Beate und ihr Mann den Kreis für immer.

Adler

Als neue Autorin wurde ich zu dem ersten Treffen mit meinem Lektor samt Manuskript und zahlreichen Unterlagen von Hamburg nach Berlin beordert. Ich freute mich sehr, den Herrn persönlich kennen zu lernen und malte mir ein gemeinsames Mittagessen mit geistreichen Gesprächen nach getaner Arbeit aus . . . Es kam so anders, dass ich schon nach einer knappen Stunde wie benommen allein in der Mensa der UNI auf hartem Stuhl zwischen klebrigen Resten hockte. Der Lektor hatte sich sehr wenig Zeit für jede Einzelne genommen, um die Ergebnisse möglichst vieler Autorinnen an einem Tag „abzuarbeiten". Es kam in der Hetze zu keinem einzigen privaten Wort. Ich raffte mich schließlich auf und rief eine Bekannte an, die sich glücklicherweise mit mir zum Kaffeetrinken traf. Dann nahm ich einen Zug eher. Nach insgesamt sieben Stunden Fahrt (die Verbindung zwischen Hamburg und Berlin war wegen Bauarbeiten sehr langsam) war ich wieder zu Hause. In der Nacht träumte ich von einem Adler, der in einer großen Halle zuerst schwungvoll wunderschöne spiralförmige Kreise flog, um dann hart gegen die Decke zu stoßen und abzustürzen.

Es ist wohl klar, dass ich der Adler war – in meinen enttäuschten Erwartungen. Oder kam im Traum mein Wunsch zum Ausdruck, dem unhöflichen Hektiker möge es so ergehen?

Ein neues Buch

Ich halte ein neues Buch von mir in den Händen, das ich schon vor zwei Jahren fertig gestellt habe und das jetzt endlich vom Verlag in München gedruckt wurde. Es heißt „Projekt WOHNEN" und ist für GrundschullehrerInnen gedacht. Ich bin so enttäuscht von dem Titelbild und der Farbe (worauf Autoren keinen Einfluss haben), dass ich heulen könnte. Innen ist es wunderschön geworden, viele Abbildungen, gute Aufteilung. Aber was nützt das alles, wenn die Aufmachung so altertümlich und wenig ansprechend ist?! Ich selbst würde nicht nach diesem Buch greifen. Am liebsten würde ich es jetzt in die Ecke knallen. Aber ich lege es erst einmal beiseite und lese die erfreulichere Post. Am nächsten Morgen mache ich mir klar, dass nichts mehr zu ändern ist. Ich schreibe einen kritischen Dankesbrief an die Lektorin. Ich ändere dadurch nichts, nur meinen Gemütszustand.

Die Flaschen auf dem Treppenabsatz

Zu Beginn unserer Ehe half mein Mann viel im Haushalt. Wir waren beide berufstätig und teilten uns die Arbeit ein. Als ich aber wegen der zwei kleinen Kinder zu Hause blieb, dachte Daniel wohl, nun hätte ich nicht genug zu tun. Jedenfalls stellte er seine Mitarbeit fast ganz ein. Ich wühlte mich durch den Tag mit den Mädchen, die nur anderthalb Jahre auseinander waren, und fühlte mich manchmal – noch dazu ohne Auto auf dem Lande – von aller Welt verlassen. Daniel wurde immer nachlässiger. Als er einmal seine Kollegen zu Besuch gehabt hatte, standen die Bierflaschen tagelang auf dem Flur herum, stanken und störten. Jeden Abend erwartete ich, dass er sie wegbringen würde, aber nichts geschah. Schließlich baute ich sie in Reih und Glied so auf dem Treppenabsatz zu unserer Wohnung auf, dass er sie beim Heimkommen wegräumen oder darüber stolpern musste. Aber nicht doch! Er ging vorsichtig und fröhlich pfeifend drumherum. Da platzte mir der Kragen, und ich schrie ihn an, wenn er die Flaschen nicht augenblicklich entfernen würde, ließe ich ihn nicht in die Wohnung. Völlig überrumpelt tat er, was ich verlangte und sagte später: „Du hättest mir doch gleich sagen können, dass dich die Flaschen stören!"

Betty zur rechten Zeit

Aber die Verzweiflung über meine isolierte Situation wurde immer stärker. Als mein Selbstwertgefühl so niedrig geworden war, dass ich beim Telefonieren Schweißausbrüche bekam, lag genau zur rechten Zeit ein Buch vor mir, das mein Leben verändert hat: „Der Weiblichkeitswahn" von Betty Friedan. Während des ersten Urlaubs zu zweit nach der Geburt der Kinder – in Österreich, billig, billig und untergebracht in einem ehemaligen Kuhstall, von dessen Wänden hinter unserem Bett das Wasser hinunterlief, las ich gebannt Kapitel für Kapitel und entdeckte für mich eine neue Perspektive. Unser Leben war nach den nassen Ferien nur nach außen das gleiche. Weil sich meine Wahrnehmung und Einstellung geändert hatte und somit auch meine Erwartung, fand in unserer Ehe nach und nach eine Veränderung statt – in Richtung echter Gleichberechtigung.

**Anregungen für Erwartungsvolle,
die sich Enttäuschungen ersparen wollen:**

- *Erst einmal überprüfen, ob die Erwartungen völlig überzogen und unrealistisch waren oder ob vertretbare, allgemein anerkannte Erwartungen nicht erfüllt wurden.*

- *Dann entscheiden, das Rad wieder herumzudrehen in Richtung unserer Erwartungen oder die eigenen Vorstellungen korrigieren, bzw. ganz aufgeben.*

- *Die unterschiedliche Wahrnehmung von Männern und Frauen realisieren. Deshalb nichts von vornherein erwarten, stumm und schmollend, sondern die Bedürfnisse äußern, auch wenn sie einem noch so selbstverständlich vorkommen.*

- *In Zeiten innerer Unsicherheit bei Büchern Zuflucht suchen, wenn sie von Situationen ausgehen, die für uns nachvollziehbar sind.*

- *Traumdeutung unter fachkundiger Leitung anstreben. Wir bekommen Zugang zu unseren Wünschen und Zwängen. Wir verstehen alltägliche Zusammenhänge in unserem Leben besser und lernen dadurch auch, unsere Erwartungen und Enttäuschungen zu überprüfen.*

8.
Wenn mich Verhaltensnormen einengen

Auch Verhaltensnormen haben etwas mit Erwartungen zu tun, mit denen, die unsere Umwelt, unser Kulturkreis an uns hat. Sie können ebenso eine Stütze sein wie eine Last: Sie helfen uns im täglichen Umgang mit unseren Mitmenschen, weil wir durch die Normen nicht bei jeder kleinen Handlung neu überlegen müssen, wie wir uns nun benehmen sollen. Aber sie engen uns auch ein, weil wir durch sie vielleicht gezwungen werden, eine Rolle zu spielen, die uns fremd ist und die wir gern abstreifen würden.

Richten Sie sich im täglichen Leben sehr nach dem, was sich gehört und was von Ihnen erwartet wird? Oder brechen Sie manchmal aus, weil es Ihnen zu anstrengend wird oder unangemessen erscheint?

Auf der Kellertreppe

Ich hatte ein schreckliches Jahr hinter mir (in anderen Geschichten wird noch die Rede davon sein). Aber obwohl sich die äußeren Gegebenheiten spürbar normalisiert hatten und ich viel Grund gehabt hätte, wirklich dankbar zu sein, geriet ich nachträglich in eine recht depressive Stimmung. Es gelang mir meistens, in der Öffentlichkeit „das Gesicht zu wahren", doch sowie ich allein war, kam die Traurigkeit wieder. Eines Tages – das Baby schlief, und die „Große" machte Schularbeiten – hatte ich im Trockenraum Wäsche abgenommen und stieg langsam mit dem Wäschekorb im Arm, wie mit Blei behangen, in schwermütigen Gedanken befangen, die Kellertreppe hoch – da stand plötzlich ein langjähriger Freund, der außerhalb wohnte, oben auf dem Treppenabsatz. Einerseits freute ich mich sehr, andererseits war ich nicht in der Lage, so schnell „auf heiter umzuschalten" und brach nun erst recht in Tränen aus. Der Freund nahm mir erst einmal fürsorglich den Korb ab und mich dann in die Arme. Ich entschuldigte mich schluchzend wegen meines Benehmens. Er habe, wo er doch so selten käme, ein Anrecht auf fröhlichen Empfang, und nun müsse er eine Heulsuse ertragen. Der Freund schob mich ein wenig von sich weg und sagte dann:

„Wo steht geschrieben, dass der Mensch immer heiter und guter Dinge zu sein hat? – In der Bibel? Im Bürgerlichen Gesetzbuch? Im Mietvertrag?" Gemeinsam gingen wir langsam die nächste Treppe hoch und in die Wohnung. Meine Weinanfälle ebbten ab. Beim Kaffeetrinken konnte ich schon wieder über seinen komischen Kommentar zu einem Kinofilm lachen. Als er gegangen war, stellte ich mir seine Frage noch einmal und schrieb in mein Tagebuch: *„Ich darf traurig sein und das auch zeigen."*

Weihnachten im Kloster

Elisa berichtet: „Bis knapp über 40 war ich total eingebunden in Haushalt und Beruf, Familie, Religion, Freundeskreis . . . Mir selbst gehörte nicht eine Minute Freizeit. In dieser psychischen Notlage kam ich mit Meditation in Berührung. Meine Umwelt wollte mir diesen Weg ausreden, weil ich nun für kurze Zeiten nicht mehr verfügbar war. Als ich mir diese kleine Insel erhalten wollte, kam es zum Bruch. Statt wie sonst immer Weihnachten zwischen Herd, Kirche und Konzerten bei einem befreundeten Musiklehrer hin und her zu hetzen, fuhr ich in ein Kloster im Westerwald, das leer war. Der Hausmeister, der zunächst glaubte, einen Geist zu sehen, überließ mir eine schwach beheizte Zelle und ansonsten mich mir selbst. Ich schmückte mir mein Weihnachtszimmer mit Tannenzweigen aus dem Wald um mich herum. Große goldene Strohsterne und dicke rote Kerzen hatte ich mitgebracht, außerdem ein winziges Radio, einen Wasserkocher, Pulverkaffee, Früchtetee, Vollkornbrot, Butter, Honig, Vitam R – mehr brauchte ich nicht zum Überleben. Und natürlich mein Tagebuch und etwas zum Lesen. In dieser Zelle habe ich zehn Tage allein verbracht. Tagsüber lief ich viele Stunden durch den Schneewald, und wenn ich durch ein Dorf kam, aß ich auch einmal in einem kleinen Gasthof. Plötzlich konnte ich wieder gut schlafen. Die frische Luft, die Einfachheit und die Freiheit, über meinen Tag selbst zu bestimmen, wirkten wie ein Wunder. In den Meditationen stiegen Gedanken wie Luftblasen hoch: *Wer bist du eigentlich? Was machst du aus deinem Leben? Wer lebt dich? Wieso lässt du zu, dass die anderen immer genau wissen, was du zu tun und zu lassen hast?* Der Klosteraufenthalt war meine Lebensrettung. Wenn ich jetzt wieder einmal das Gefühl habe, mich leben zu lassen, bin ich wachsam und sage zu mir: *Wenn es dir schlecht geht, schummele dich nicht mit kleinen Beruhigungsmitteln darüber hinweg, sondern schau genau nach, was die Ursache ist. Und dann tu alles, um das zu ändern. Bleib bei dir!*

Perfektion

Wenn Besuch kommt, bin ich meistens nervös, weil ich mit allen Vorbereitungen vorher fertig sein will. Früher war das noch schlimmer. Meine Familie hat sich einmal zu Ostern bitter beklagt, dass ich jede Gemütlichkeit vertrieben habe mit meiner Planungs- und Perfektionssucht. Langsam habe ich begriffen, dass ich mit meiner Angespanntheit nicht nur die Familie, sondern auch den Besuch verschreckt habe. Aber es fällt mir immer noch schwer, auch mal fünfe gerade sein zu lassen. Das hängt vermutlich mit meinem Werdegang zusammen. Als ich es in den 50erJahren wagte, berufstätig zu sein trotz der Kinder, hieß es im gesamten Umfeld: Na bitte, solange du Haushalt, Mann und Kinder nicht vernachlässigst!

Wenn mein Baby nachts mal schrie, wurde das auf meine Berufstätigkeit geschoben. Wenn mein Mann zweimal hintereinander dasselbe T-Shirt anbehielt, war ich dran schuld.

„Armer Mann", sagten die Nachbarn. „Der muss sogar

mithelfen!" Meine Wohnung wurde sehr kritisch begutachtet von der Schwiegermutter, und meine Tante konnte sich gar nicht beruhigen, dass ich auch einigermaßen kochen konnte. Ich wollte und musste es ihnen zeigen! So ging es vielen berufstätigen Müttern in meiner Generation. Obwohl ich mich vom Kopf her von diesem Perfektionsanspruch befreit habe, kommt er im Verhalten immer noch durch. Ich helfe mir jetzt am besten, wenn ich früh genug mit den Vorbereitungen fertig bin, *mich dann in Ruhe hinsetze, Musik höre und schon mal einen Sherry vorweg trinke. Das lockert die Stimmung auf.*

Allzeit bereit

Amelie war eine Mutter, die sich für ihre drei Kinder „aufopferte", weil sie meinte, nur so eine gute Mutter sein zu können. Jeder Klamottenwunsch wurde erfüllt. Jedes Essen bestand aus drei Mahlzeiten, weil jedes Kind Sonderwünsche hatte. Keine Fahrerei wurde Amelie zu viel: Holger zum Tennis, Ilka zum Reiten, Annette zum Klavierunterricht – Nachmittag für Nachmittag. Selbstverständlich half sie auch bei den Schulaufgaben. Und wenn abends Caspar, Amelies Ehemann, nach Hause kam, hatte sie sich „schick" gemacht und war nur noch für seine Bedürfnisse da. So ging das jahrelang, bis Amelie nicht mehr wusste, ob sie eigene Bedürfnisse hatte und wenn ja, welche. Eines Tages wurde Amelie ernsthaft krank. Zu ihrer tiefen Enttäuschung kümmerten sich weder Kinder noch Mann um sie. Alle vier beschwerten sich nur ausgiebig, dass sie nun so vieles allein regeln mussten. Die kluge Hausärztin schickte Amelie zu einer dreimonatigen Kur. Dort fand sie sich wieder in einer Gruppe von Menschen, die unter ähnlichen Umständen krank geworden waren. Der Gruppenleiter vermittelte ihnen harte Tatsachen. Er machte ihnen z. B. klar, dass sie für Perfektion und Überanpassung an die Bedürfnisse der anderen vielleicht respektiert werden, aber nicht geliebt. „Wer sich wie ein Abtreter benimmt, wird auch wie ein Abtreter behandelt", sagte er auch. Für Amelie brach zunächst ihr Selbstbild zusammen. Dann aber entdeckte sie langsam in der Meditation ihre eigenen Bedürfnisse wieder. Sie lernte Autogenes Training und Yoga, und sie absolvierte einen Sebstbehauptungskurs, in dem sie lernte, auch einmal „Nein" zu sagen. Als sie in die Familie zurückkam, stand es wochenlang auf des Messers Schneide, ob sie sich nicht trennen sollten, weil Amelie nicht mehr in der alten Rolle war, die Mann und Kinder von ihr erwarteten. Mit Hilfe einer Psychologin und mit viel Geduld (auch mit sich selber) gelang es Amelie aber, aus der Krise herauszukommen. „Das beste Zeichen ist, dass alle vier jetzt selbstverständlich mithelfen, wo sie früher nur gefordert haben, und dass sie es akzeptieren, wenn ich auch meinen eigenen Interessen nachgehe. Immer häufiger wage ich es, etwas abzulehnen, das mir nicht bekommt, und stelle erstaunt fest, dass sie mich mehr beachten und vielleicht sogar lieben als früher", berichtet Amelie glücklich.

Anregungen für Leute, die auf unschädliche Art mit Verhaltensnormen umgehen möchten:

- *Über den Sinn oder Unsinn der betreffenden Norm nachdenken und dann entscheiden, wie ich mich verhalten will.*

- *Bei Norm-Übererfüllung sich eine Kur oder Auszeit gönnen.*

- *Meditation, autogenes Training oder Yoga erlernen.*

- *Auf die innere Stimme hören und der Intuition vertrauen.*

- *Das Selbstbild auf überhöhten Anspruch an sich selbst überprüfen.*

- *Sich selbst loben und belohnen.*

- *Die eigenen Bedürfnisse erforschen und befriedigen.*

- *Auch manchmal „Nein" sagen.*

- *Prioritäten setzen.*

9.
Wenn ich gekränkt werde

In dem Wort Gekränktsein steckt das Wort „krank", und so wirken Kränkungen auch: Sie machen mich krank. Wenn ich sie zulasse, d. h. wenn ich bestimmte Handlungen von Mitmenschen als Kränkungen für mich selbst definiere, geht es mir schlecht. Kränkungen haben zumeist einen passiven Charakter. Sie machen die Betroffenen zu Opfern. Dabei gibt es eine große Spannbreite zwischen Kränkungen durch ein unbedachtes Wort und solchen, die an die Substanz gehen.

Fühlen Sie sich oft gekränkt von Ihren Mitmenschen? Haben Sie den Eindruck, dass man Sie absichtlich kränkt? Sind Sie sicher, dass Ihre Wahrnehmung immer stimmt? Was unternehmen Sie dagegen?

Am Valentinstag

Ausgerechnet heute wird mir meine Geldbörse mit 500 DM Bargeld und allen wichtigen Papieren aus der Jackentasche gestohlen. Bei Karstadt in der Cafeteria. Während ich mit einem kleinen quietschlebendigen Zweijährigen flirtete. Unvorsichtigerweise hatte ich die Jacke an den Garderobenhaken einen Meter hinter mir gehängt. Ein Schock – der Griff in die leere Tasche beim Anziehen der Jacke! Ich fühle das weiche Leder des Portmonees nach wie vor, aber nur in der Erinnerung. Ungläubigkeit, gefolgt von Wut und Selbstvorwürfen. Dann Resignation, schnell einmündend in Aktion: Bank, Polizei, Verkehrsamt . . . Meine gute Laune ist einer tiefen Enttäuschung gewichen. Was vorher farbig war, ist jetzt grau. Meine Intimsphäre wurde verletzt. Ich bin gekränkt worden und bin hilflos.

Die mitfühlende Haltung des Partners und der Umgebung hilft, auch das Mitteilen des Vorfalls am Telefon, wobei jeder Gesprächsteilnehmer eine eigene Geschichte beiträgt. Wird so viel gestohlen in Deutschland? Mein Fall relativiert sich. *Ich sehe nach vorne und widme mich noch am selben Abend der Planung eines Festes.* Aber in der Nacht träume ich von Gegenständen, die ich halten will und die mir immer wieder entgleiten.

Ganz schön ausgeleiert

Während meiner dritten Schwangerschaft kommt es bei einem vergnüglichen Theaterabend, an dem ich viel lache, zu einem Flüssigkeitsabgang. Ich bin geschockt, weil ich an eine geplatzte Fruchtblase denke und (mir leider vertraut) an eine Frühgeburt. Sofort am nächsten Morgen suche ich meinen Gynäkologen auf. Leider ist nur ein junger, unerfahrener Arzt in Vertretung da. Nach der Untersuchung teilt er mir lakonisch mit, es sei alles in Ordnung. Die Flüssigkeit sei sicher Urin gewesen – und dann wörtlich: „In Ihrem Alter sind Sie ja auch schon ganz schön ausgeleiert!"

Zutiefst gekränkt finde ich mich weinend vor der Eingangstür wieder, wo mich unser Freund Georg zufällig (Gibt es Zufälle?) aufliest. Er führt mich liebevoll in ein Café, beteuert mir, dass ich mit 33 Jahren keinesfalls „ausgeleiert" sei und bietet mir an, den Kerl zusammenzuschlagen. Aber das rede ich ihm aus. *Sein Trost ist mir genug.*

Das Gartenhaus

Kerstin hatte ein Wochenendhäuschen im Garten ihrer Schwester in einer idyllischen Kleinstadt im Norden. Jahrelang verbrachte sie dort ihre freien Tage, lud Freundinnen dahin ein und freute sich auf ihre Rentenzeit, wenn sie dort wochenlang sein könnte.

Als sie einmal eine längere Zeit nicht dorthin gefahren war, erhielt sie ohne Vorwarnung eines Tages einen Brief von Schwester und Schwager, in dem diese ankündigten, sie würden das Häuschen nun gern selbst haben. Es stünde ja in ihrem Garten, und der Schwager habe es ja auch gebaut.

Kerstin fühlte sich wie mit einer Keule geschlagen. Wochenlang war sie nicht in der Lage, auf den Brief zu reagieren. Der Schock saß so tief, dass sie am liebsten einen Anwalt eingeschaltet hätte, um wenigstens ihr Geld zurückzuerhalten und um dann nie wieder mit ihren Verwandten zu reden. Doch nach und nach siegte die Vernunft. Die dritte Schwester vermittelte zwischen den beiden, so dass sie sich gütlich einigen konnten. „Aber unser Verhältnis wird nicht wieder, wie es einmal war", sagt Kerstin. „Weniger der Verlust des Häuschens als die Art und Weise, wie sie mit mir umgegangen sind, hat mich doch sehr gekränkt."

Sie hat sich übrigens in der ersten Zeit mit *langen einsamen Spaziergängen geholfen, möglichst bei schlechtem Wetter*, um sich über ihre Gefühle klar zu werden. „Nachdem ich über das Schlimmste hinweg bin, mache ich Pläne und versuche, aus der Situation die für mich guten Seiten herauszufiltern und mir nutzbar zu machen. Manchmal gelingt mir dann auch *ein richtig guter Brief*. Schreiben als Klärungsprozess!"

Rache ist süß

Saskia ist über Jahre von ihrem Mann betrogen und belogen worden. Sie hat vergebens geschrien und geweint und an seine Verantwortung für die gemeinsame Tochter appelliert. Schließlich fing sie an, sich in den Zeiten, in denen er wieder einmal „fremdging", an ihm zu rächen, wo immer es ging: Sie suchte sein Auto (vor dem Haus der Geliebten) und zerkratzte es. Sie schmiss mit Gegenständen, z. B. seiner Schreibmaschine, nach ihm. Sie warf einen Wecker aus dem Fenster hinter ihm her. Weil er trotz seines Versprechens immer wieder zu spät kam, verschloss sie die Eingangstür und ließ den Schlüssel von innen stecken, so dass er in seinem Auto in der Garage übernachten musste . . .

Dann lässt sie sich endlich scheiden und hilft sich über die Kränkung hinweg, indem sie mit Freundinnen redet, Briefe schreibt und viel arbeitet. Manchmal lenkt sie sich mit dem Betrachten von Wohnzeitschriften ab, was oft zur tätigen Umgestaltung ihrer Inneneinrichtung führt.

Die Farbe Rot

Heidemarie ist noch viel schwerer gekränkt worden. Sie wurde regelmäßig an den Wochenenden von ihrem Mann geschlagen. Viele Jahre hielt sie wegen der Kinder und ihrer totalen finanziellen Abhängigkeit durch. (Das war in Zeiten vor der Einrichtung von Frauenhäusern.) Sie mag über die Misshandlungen immer noch nicht sprechen, obwohl sie jetzt schon seit 15 Jahren getrennt leben. In ihrer Küche herrscht Rot vor. „Immer wenn wieder ein schreckliches Wochenende überstanden war, kaufte ich mir am Montag einen roten Gegenstand: Einen Becher, eine Kanne, ein Tischtuch . . . *Irgendwie hat mir die Farbe Rot Kraft gegeben.*“ Ob das viele Rot sie nicht an Blut erinnert, wage ich nicht zu fragen. Für manche Menschen ist es wohl besser, schwere Erlebnisse ruhen zu lassen, statt sie immer wieder aufzurühren.

**Anregungen für Ge"kränk"te,
die schnell wieder gesunden wollen:**

- *Nicht zu lange bei der Kränkung verweilen, sondern nach vorne schauen und Schönes planen, durchführen und genießen.*

- *Sich durch Racheakte entlasten. Sie lösen aber das Problem nicht.*

- *Lange einsame Spaziergänge machen.*

- *Einen Brief schreiben zum Abschicken oder für sich selbst.*

- *Gespräche mit Freunden führen.*

- *Sich ablenken durch Umbau der äußeren Umgebung.*

- *Die Kraft der Farben nutzen.*

- *Zunächst für sich selbst definieren, woher das Krankmachende kommt, dann die Tatsachen hinnehmen oder aktiv dagegen angehen.*

- *Bei kleineren Kränkungen nicht sofort reagieren und im Zorn geschriebene Briefe nicht gleich (oder überhaupt nicht) abschicken.*

- *Das Gebet lesen:
Herr, gib mir den Mut, die Dinge zu ändern, die ich verändern kann, gib mir die Geduld, die Dinge hinzunehmen, die ich nicht verändern kann und die Weisheit, das eine vom anderen zu unterscheiden.*

10.
Wenn es Konflikte im Beruf gibt

Mobbing ist Klatsch mit Folgen, der zu erheblichen Konflikten führen kann. Auch diese Konflikte entstehen zumeist aus Beziehungsproblemen zwischen Menschen. Sie entstehen aus Unehrlichkeit und Feigheit, aus Missfallen und Vorurteilen. Selten sind sie von der Sache her bestimmt. Aber sie können dazu führen, dass es den Betroffenen sehr schlecht geht und sie ihren Beruf nicht mehr sachgemäß ausüben können.

Sind Sie schon einmal Mobbing-Opfer gewesen?

Der ganze Flur hat mich gemobbt

erzählt mir Frau St. am Telefon. „Wenn ich kam, schlossen sich plötzlich alle Türen und Münder. Das war früher nicht so. Erst als die neue Kollegin, ausgerechnet eine Psychologin, mit in unser Team kam, ging die Hexenjagd gegen mich los. Angeblich machte ich dauernd Fehler. Später erfuhr ich, dass die Frau einige meiner Arbeiten, die ich ihr abgegeben hatte, selbst zum Schlechten verändert hatte. Weil wir beide nur auf Zeit angestellt waren, wollte sie mich unbedingt hinausekeln, damit sie größere Chancen hatte. Aber bevor ich das durchschaut habe, bin ich immer unsicherer, immer kränker geworden." Frau St. geht nach längerer Leidenszeit (Schlaflosigkeit, Magenschmerzen) in die Offensive, schaltet den Personalrat ein, hält alles schriftlich fest, spricht Mitarbeiter auf ihr merkwürdiges Verhalten an, lässt sich nicht entmutigen. Langsam dreht sich der Wind wieder. Die Mitarbeiter merken die Intrige (aber das Vertrauen in sie kehrt bei Frau St. nicht zurück) und lassen die Psychologin links liegen. Kaum war sie bei Frau

St. gegen eine Wand gelaufen, fing sie an, den Nächsten zu mobben. Doch den nahm Frau St. gleich solidarisch unter ihre Fittiche, und so lief alles ins Leere. „Ich kann jetzt sogar über manche Situation lachen, aber es war eine schreckliche Zeit. Wenn mein Mann mir nicht so viel Halt gegeben hätte, wer weiß!"

Mein Kampf um den Raum

Schon im Elbtunnel begannen die Magenschmerzen, wenn ich auf dem Weg zum Institut war. Ich war neu als Kursleiterin und musste den Raum mit einem liebenswerten Chaoten teilen, der von Mal zu Mal wieder vergessen hatte, dass es mich überhaupt gab, und sich über alle Regeln hinwegsetzte. Ich hatte gebeten, argumentiert, Möglichkeiten aufgezeigt, wie ich zu einem eigenen Arbeitsraum kommen könnte, ohne dass den anderen Mitarbeitern Schaden erwachsen würde. Nichts half. Man überhörte mich einfach lächelnd. Dann ergriff ich die Initiative, wandte mich an unseren Vorgesetzten, zeigte ihm einen kleinen Raum, den die anderen nur als Lagerraum benutzten, und mit der Frage: „Warum sind Sie nicht eher zu mir gekommen?" gab er sofort die Genehmigung. Noch an demselben Wochenende zog ich ein – und nun brach die Hölle los. Von hinterhältigem Verrat war die Rede. Man boykottierte mich, schob in meiner Abwesenheit große Gegenstände in meinen Raum, die ich jedes Mal wieder unter Kraftaufwand entfernen musste. Andere benutzten den Raum in meiner Abwesenheit, ohne mich zu fragen, und hinterließen volle Aschenbecher und leere Kaffeedosen. Dann gingen sie dazu über, mich im allgemeinen Raumverteilungsplan für unsere Kurse nicht mehr zu berücksichtigen, so dass ich mir in letzter Minute Räume für meine Veranstaltungen an umliegenden Schulen suchen musste. Aber ich hielt stand und mich weitgehend von ihnen fern. Mein eigener Raum und mein dauerhafter Erfolg bei den Kursteilnehmerinnen gaben mir Kraft. Viel später erfuhr ich, dass sie sich mit diesem Mobbing dagegen wehren wollten, dass ich ihnen einfach zugeteilt worden war, ohne dass sie gefragt worden waren. Aber was hatte das mit meiner Person zu tun?!

Teamarbeit

Stefanie und ihre Kollegin haben Probleme in der Teamarbeit genau skizziert – und mit innerem und äußerem Aufwand eine gute Lösung gefunden:

Prozessdauer: 4–5 Wochen
1. Suche nach meinem Anteil, Selbstzweifel, Unsicherheit, Bauchweh, Druck im Magen.
2. Gespräche mit meinem Mann, meiner Freundin, inneres Sortieren, Selbstklärung. Mein Selbstwertgefühl pendelt sich wieder auf normal ein.
3. Klärung in einem workshop zum Thema Konflikte im Beruf, Entwicklung von Handlungsschritten, Vorbereitung eines Konfliktgespräches – Aufregung und Gefühl von Gestärktsein.
4. Gespräch mit der Kollegin mit positivem Ausgang. Der Druck im Bauch schwindet.
5. Supervision in der peergroup: Ich entwickle einen Schutzmechanismus: Wie kann es mir künftig gut gehen? Ich fühle mich gewappnet.
6. Erleichtert, Gefühl von Vorfreude auf das nächste Gespräch mit der Kollegin. Neuer Ansatz: Anstatt „Was war schlecht?" lieber „Was ist uns gut gelungen?" Während des gesamten Prozesses lasse ich es mir bewusst gut gehen: Zwei lustvolle Tanzfeste, schöne Abende mit meinen erwachsenen Kindern, erholsame Wochenenden mit meinem Mann . . .

Ärger mit dem Chef

Ulli war eine der besten Sprechstundenhilfen, die man sich vorstellen kann: Präzise in ihren Angaben, freundlich zu den Patienten, arbeitswillig und belastbar, jederzeit auch bereit, Überstunden zu machen. Aber genau das wurde ihr zum Verhängnis. Ihr Chef, der Arzt, bürdete ihr immer mehr auf – zuletzt auch allen privaten Schriftverkehr mit Versicherungen, Reiseunternehmen – nach der Devise: „Frau R. schafft das schon!" Er nahm ihren zaghaften Widerstand gar nicht wahr. Sie schien nicht als Person für ihn zu existieren, eher als ständig einsatzbereiter Roboter. Als sie dann wegen Dauerüberlastung ernsthaft krank wurde, jammerte er ihr die Ohren voll – nicht etwa umgekehrt.

Nachdem sie einen vergeblichen Versuch gemacht hatte, mit ihm über die unhaltbare Situation zu sprechen und er die „Schuld" nur bei ihr sah, tat sie das einzig Vernünftige: Sie kündigte. Bald darauf machte sie eine Umschulung mit und ist nun selbständig. „Mehr finanzielles Risiko", gibt sie zu, „aber ich bin meine eigene Chefin."

Auch Claudia ging auf Konfrontation zu ihrem Chef. Er wollte, dass sie ein Projekt unterstützt, welches ihm zum Prestigegewinn verhelfen sollte. Als sie um ein bestimmtes Stundenkontingent dafür bittet, stellt sich heraus, dass er meint, sie würde alles in ihrer Freizeit für ihn machen. Zur Rede gestellt, weicht er immer wieder aus, schreibt sogar eine Art Memorandum, in dem er falsche Behauptungen über sie aufstellt. Claudia erhält davon auf Umwegen Kenntnis. „Ich überlege klar und kühl, was jetzt – auch strategisch – notwendig zu tun ist". Sie schreibt ein Gegenmemorandum, das sie an den gleichen Verteilerkreis verschickt, nur „der Vollständigkeit halber, damit die Beteiligten sich ein Gesamtbild machen können". Dem Chef übergibt sie es persönlich. Da ist er plötzlich nicht nur überrascht und irritiert, sondern auch sehr freundlich. Aus Claudias Beteiligung an dem Projekt wird nichts, „aber mein ruhiges vorwärtsgewandtes Umgehen mit dieser Situation hat mich gestärkt". Bald danach verlässt sie den „Laden" und macht etwas ganz anderes.

Ulli und Claudia hatten wenigstens die Wahl, sie waren noch jung genug. Auswegloser war es schon für unseren 55-jährigen Hausmeister an der Schule. Herr V. wurde vom Schulleiter permanent über Jahre so getriezt (und ließ sich triezen), dass er

Magengeschwüre bekam. Immer wenn der Schulleiter sich über irgendetwas oder -jemanden geärgert hatte, musste Herr V. dran glauben. Nichts machte er angeblich richtig: Wenn etwas zu reparieren war, ging es nicht schnell genug. Wenn er im Büro neben dem Telefon saß, war er ein Faulpelz. Wenn er draußen im Gelände Erde schaufelte, wurde er eiligst abberufen, um mit schmutzigen Händen die Post in die Brieffächer der Lehrer zu sortieren. Dabei hatte der Schulleiter sie schon in der Hand und hätte es mühelos selber machen können. Immer wieder ermutigte das Kollegium den verzweifelten Hausmeister, sich nicht alles gefallen zu lassen, aber er hatte nicht genug Kraft und flüchtete sich bis zu seiner Rente immer tiefer in Krankheit. Neulich traf ich ihn nach Jahren wieder: Gealtert, aber rund und fröhlich. Nur als ich den Namen des Schulleiters aussprach, wurde er blass und gleich darauf rot und sagte leise: „Bitte nicht den Namen, nicht mehr in meiner Gegenwart!"

Stundenlang an der Heizung

Manchmal treibt Mobbing auch komische Blüten, und wenn man die gar nicht erst zu Früchten werden lässt, klärt sich alles schnell auf. In einer zweiten Klasse merkte ich plötzlich, dass irgendetwas gegen mich „im Busch" war. Ich berief eine Elternversammlung ein und fragte, was sie gegen meinen Unterricht einzuwenden hätten. Nach einer peinlichen Druckserei beschwerte sich schließlich eine Mutter, die Kinder müssten bei mir stundenlang an der Heizung stehen. Zunächst begriff ich gar nichts. Dann fiel mir das Rezitieren eines langen Gedichtes ein, bei dem jedes Kind eine Strophe aufsagte, und damit alle hintereinander Platz hatten im Klassenraum, stellten sie sich an der längsten Wand, an der Heizung entlang auf. Ich spielte die Situation mit einigen Eltern durch. Niemand mochte sich erinnern, woher die Umdeutung und Übertreibung gekommen war, aber es wurde noch ein angenehmer Elternabend.

Erst noch einmal darüber schlafen

Auf ein berufliches Minenfeld anderer Art begab sich Daniel als Professor für Architektur. Wie gewohnt hatte er Einzelberatungen für Studenten und Studentinnen angeboten. An einem Mittwoch suchte ihn eine iranische Studentin auf, die einen recht schwachen Entwurf vorlegte. Daniel machte ihr zahlreiche Verbesserungsvorschläge, die sie aber nicht recht zu begreifen schien. Um dem zähen Bemühen ein Ende zu bereiten, schlug er vor: „Am besten, wir schlafen noch einmal drüber" und wollte sie verabschieden. Hätte er nicht das panische Aufblitzen ihrer Augen vor ihrem überstürzten Aufbruch wahrgenommen – wer weiß, welcher Racheakt ihm von ihrer Familie geblüht hätte! So registrierte er blitzschnell ihren Verdacht, rannte hinter ihr her, machte auch noch den Fehler, sie an der Schulter festzuhalten („Da muss sie gedacht haben, dass es gleich zur Sache gehen soll!") und konnte ihr dann mit viel Überzeugungskraft den Sinn dieses deutschen Sprichwortes klarmachen.

**Anregungen für Mobbingopfer,
die aus der Opferrolle heraus wollen:**

- *Bei Mobbing oder anderen beruflichen Konflikten am besten in die Offensive gehen.*

- *Das eigene Verhalten, das vielleicht zum Mobbing geführt hat, überprüfen und ggf. ändern.*

- *Offenheit und Stärke zeigen und Initiative statt stillen Erleidens.*

- *Sich immer wieder klarmachen, was man alles kann und schon geleistet hat.*

- *Sich Verbündete und Zeugen suchen.*

- *Betriebliche Hilfsangebote annehmen.*

- *Zur Not oberste Vorgesetzte informieren und einschalten.*

- *Die eigene Strategie genau überdenken.*

- *Die Gegenseite zur Stellungnahme und letztendlich zur Mitarbeit herausfordern.*

- *Oder woanders einen neuen Anfang suchen!*

11.

Wenn ich in Not gerate und Angst habe

Unvorhergesehen können wir alle in Not geraten. Dabei spielt es in der aktuellen Lage zunächst kaum eine Rolle, ob es sich um welterschütternde Ereignisse handelt, die viele Menschen existentiell betreffen oder um Situationen in unserem singulären, eher unmaßgeblichen Alltag. Das subjektive Befinden ist entscheidend. Im Straßenverkehr können wir in Not geraten, durch Geldmangel (Geldnot), durch Verbrechen, dessen Opfer wir werden oder auch durch unsere eigene Dummheit. Die Schwester der Not ist die Angst: Vor Wiederholung der Situation, vor der Zukunft, vor dem Leben überhaupt.

Kennen Sie dieses Gefühl absoluter Ohnmacht, wenn Sie in Not geraten sind? Diese Panik, als würde es keinen Ausweg geben? Und merken Sie auch, wie Ihnen Kräfte zuwachsen, die Sie sich selbst nicht zugetraut hätten?

Keine Angst! Ich kenne mich hier aus.

Das abendliche Treffen mit der verehrten Schriftstellerin war mir von so großer Wichtigkeit, dass ich mir den Weg in den weit entfernten Stadtteil mehrmals auf der Karte ansah und fest einprägte. Ich brach viel zu früh auf, weil ich einen Stau vor dem Elbtunnel einkalkulierte. Schnell und ohne Behinderung kam ich jedoch bis zu der eingeprägten Abfahrt. Aber die war wegen dringender Bauarbeiten kurzfristig gesperrt worden. Während ich wie betäubt weiterfuhr, setzte heftiger Regen ein. Bei der nächstmöglichen Abfahrt fuhr ich zwar von der Autobahn, hatte aber keine Ahnung, wie ich nun zu dem vereinbarten Treffpunkt kommen sollte. Ich tröstete mich mit dem

Zeitvorrat, den ich hatte, hielt bei der nächsten Gelegenheit am Straßenrand an und versuchte, den Stadtplan zu lesen. Keine Chance! Das Licht in meinem Auto zu schwach, die Zeichen im Stadtplan zu klein und keine Taschenlampe zur Hand! Frage ich eben bei Passanten. Aber wer geht freiwillig bei Dauerregen im Dunkeln durch Hamburg? Die Scheibenwischer auf den schnellsten Gang eingestellt, fuhr ich nach Gefühl einmal links, dann wieder rechts, dann geradeaus, bis ich garantiert keine Ahnung mehr hatte, wo ich mich befand. Inzwischen war auch das Zeitpolster dünner geworden und ich in einer Gegend gelandet, wo es keinerlei Halteplätze gab, von Parkplätzen ganz zu schweigen. Also weiterfahren! In die Einbahnstraße! Aber in der verkehrten Richtung! Jetzt kroch Panik in mir hoch. Nur noch zehn Minuten bis zum Abendessen im Restaurant! Wie im Fieber parkte ich verkehrswidrig vor einer Einfahrt und stürzte quatschnass in eine Imbissbude. Ein magerer Student, der meinetwegen das pedantische Schneiden seiner Currywurst unterbrochen hatte, hob gerade zu einer langatmigen Beschreibung des möglichen Weges an, als ein Junge von etwa 16 Jahren sich die Walkman-Hörer vom Kopf nahm und laut in den Raum fragte: „Was will die Alte?" Als die Alte anfing, es ihm zu erklären, unterbrach er sie, fasste sie am Arm, zog sie aus dem Laden und verkündete: „In die Gegend muss ich sowieso. Keine Angst! Da kenne ich mich aus. Wo steht Ihr Auto? Ich fahre einfach mit." Ehe auch nur ein Blitzlicht an Misstrauen in mir aufflammen konnte, fuhr ich schon, von Dennis (er hatte sich vorgestellt!) sicher geleitet meinem Ziel entgegen. Es gab noch ein retardierendes Moment, als er mich siegessicher bis vor eine Pizzeria an dem betreffenden Platz geführt hatte, ich aber in einer Lokalität namens Piazza verabredet war. So kamen zu den zehn Minuten Verspätung noch einmal zehn dazu. Meine Schriftstellerin wollte gerade wieder nach Hause gehen, als ich mit Dennis am vereinbarten Ort eintraf. „*Mein Schutzengel*", stellte ich ihn ihr vor, aber mit hinein wollte er nicht.

Und immer rund im Kreisverkehr

Werner hat für solche Situationen im Straßenverkehr mit seiner Frau *Verträge für die Zukunft* abgeschlossen. „Wir hatten hin und wieder Stress beim Autofahren, wenn wir unter Zeitdruck standen oder in fremden Städten fuhren. Wir haben uns dann gegenseitig angemacht: ‚Du kannst die Karte nicht richtig lesen. Du sagst mir zu spät Bescheid. Du passt nicht richtig auf und achtest zu wenig auf den Verkehr.' Jetzt haben wir miteinander vereinbart: Wenn einer merkt, dass wir wieder in solch eine Situation schlittern, sagt er *Stopp*, und derjenige, der gerade fährt, hält dann schnellstmöglich an. Wir besprechen, was uns beiden jetzt gut tun würde: Eine kurze Rast? Die Weiterfahrt mit öffentlichen Verkehrsmitteln? Ein Spaziergang? Jedenfalls finden wir immer eine Lösung."

Spaziergang

Otto hört immer in Gedanken seine Großmutter sprechen, die sagte: „Junge, hör auf, dich zu grämen! *Wer weiß, wozu das gut ist.*" Er hält auch viel von dem Spruch: *Geteiltes Leid ist halbes Leid.* Deshalb tut es ihm gut, seine Sorgen mit einer anderen vertrauten Person besprechen zu können. Am liebsten macht er dabei mit diesem Gesprächspartner einen langen Spaziergang.

Möhren, immer nur Möhren

Als unsere Kinder noch ganz klein waren und ich deshalb vorerst meinen Beruf aufgeben musste (damals standen Teilzeit oder Hausmänner nicht zur Debatte), gerieten wir finanziell in arge Not, zumal Daniel sich gerade selbständig gemacht hatte. Wir waren froh, dass wir wenigstens die Miete bezahlen konnten. Die Mahlzeiten fielen entsprechend mager aus. So bekamen die Kinder tagelang nur Möhren und Kartoffeln zu essen und abends Milchbrei. Es hat ihnen nicht geschadet, aber mir ging es dabei doch schlecht. Das merkten zwei Freundinnen bald. Wenn sie mich besuchten, brachten sie immer den Kuchen selbst mit, und einmal fand ich nach ihrem Abschied einen Fünfzigmarkschein unter der Blumenvase an der Garderobe. Obwohl ich mich schämte, freute ich mich sehr.

Bald danach lud mich eine andere Freundin, deren Mann als Zahnarzt sehr viel Geld verdiente, zusammen mit den Kindern nach Wenningstedt auf Sylt ein. Einfach so – für zwei Wochen! Herrlich!

Chorsingen

Knut ist überzeugt davon, dass ihm die Musik das Leben gerettet hat. „Ich war unverschuldet in eine große Not geraten und hatte Angst vor jedem neuen Tag. Da folgte ich widerwillig der dringenden Aufforderung meines Kollegen, es mit dem Singen doch wenigstens mal zu versuchen. Ihm zuliebe ging ich mit in den Kirchenchor, und bald wurden die Chorproben stille Oasen in meinem hektischen Alltag. An diesen Abenden konnte ich die Last abwerfen und mich nur auf die Musik konzentrieren. Es war so heilend, die wunderbare Musik zu singen: Bachsche Motetten, Choräle von Schütz, Chorsätze von Haydn und Händel. Meine Not baute sich nur sehr langsam ab, aber die Musik half mir, durchzuhalten und wurde für mich Brücke zum Glauben und zu Gott."

Der rettende Anruf

Einmal war ich wegen einer üblen beruflichen Verleumdung so sehr in Not, dass ich nicht mehr ein und aus wusste. Es war mittags. Die Kinder schliefen glücklicherweise. Daniel war schon seit Monaten an einem anderen Ort tätig. Ich saß hilflos auf dem Sofa und schluchzte nur noch hemmungslos vor mich hin. Da ging das Telefon und Daniel fragte: „Ist etwas nicht in Ordnung? Ich habe so ein komisches Gefühl." Noch an demselben Abend kam er nach Hause, und wir fanden einen Ausweg.

Was für ein *Wunder* hier geschehen ist, kann nur der ermessen, der weiß, dass ich Daniel telefonisch nicht hätte erreichen können und dass wir uns normalerweise niemals während der Woche – noch dazu am Tage – angerufen haben, weil es viel zu teuer und damals auch allgemein unüblich war.

Der Sturz in Delphi

Es war ein wunderschöner Tag mit Wandern und Baden und Lachen gewesen.

Der Abend war den meditativen Tänzen vorbehalten. Gemessenen Schrittes bewegte sich die Runde um die drapierte Mitte – auf unregelmäßig geformten Plattensteinen eines griechischen Kaffeegartens. In fußläufiger Entfernung vom Ort der Weissagungen hoch über der Ebene von Itea gab der Kassettenrekorder den Ton an, und der halbgesichtige Mond spendete gerade soviel Licht, dass wir uns schemenhaft wahrnehmen konnten, nicht aber den Ausdruck unserer Mienen. Die alte überlieferte Weise wurde als Ehrerbietungstanz eingeführt – einer alten Mutter gewidmet. In regelmäßigen Abständen waren Verneigungen zu vollführen – der Mitte zugewandt.

Was wie eine rituelle formale Tanzfigur begann, verwandelte sich für mich mit jeder Verneigung immer mehr zu einem Gedenken an meine gerade gestorbene Mutter. Ich verneigte mich vor ihr aus Dankbarkeit und Liebe und gedachte ihrer in kindlicher Trauer. Bei dem Gedanken daran, dass sie auch so gern getanzt hatte, aber niemals die Gelegenheit dazu gehabt hatte außerhalb ihres unmittelbaren Wohngebietes – geschweige denn in Delphi – musste ich weinen.

Schritt für Schritt – von der schwermütigen, feierlichen Musik unaufhaltsam in den Kreis gebannt – Schritt um Schritt – wurde mein Gesicht von Tränen gewaschen. Es mag an den tiefen Verbeugungen gelegen haben, dass schließlich nicht mehr nur Tränen flossen, sondern dickflüssiger Schleim der Nase entquoll. Meine Gedanken kreisten nun nicht länger ehrfurchtsvoll um meine tote Mutter (sie möge mir verzeihen), sondern darum, wie ich wohl am unauffälligsten an ein

Taschentuch herankommen könnte, ohne die Gruppe – und ganz speziell die Gruppenleiterin – allzu sehr zu stören.

Zunächst half ich mir, indem ich – immer wenn sich die Hände vor den einsamen Verneigungen ohnehin lösen mussten – den Rotz wie in Kindertagen mit dem Ärmel des Pullovers wegwischte, aber auf die Dauer half diese Methode wenig gegen den unaufhörlich fließenden Tränenstrom.

In einer Verneigungspause nahm ich deshalb all meinen Mut und meine Schnelligkeit zusammen und flitzte zu meinem Rucksack, den Sitz des Päckchens mit den Papiertaschentüchern genau vor Augen. Zu Beginn der nächsten Tanzphase wollte ich bereits unbemerkt an meinem Platz zurück sein.

Es kam anders. Meine flach huschenden Füße stießen in der Dunkelheit gegen eine Plattenaufkantung. Die Hände suchten vergeblich Halt an leichtem Plastikgestühl. Der Sturz war nicht mehr aufzuhalten. Meine linke Körperseite knallte auf den Steinboden und gegen das hölzerne Geländer, das die Terrasse vom felsigen Abgrund trennte. Im Aufrappeln wollte sich meine rechte Hand trotzdem sofort nach den begehrten Taschentüchern ausstrecken, aber ein stechender Schmerz in der Stirn ließ sie dahin greifen, wo warmes Blut floss.

Inzwischen waren die Tänzer und Tänzerinnen – von dem Höllenlärm umstürzender Möbelstücke jäh aus ihrer Versenkung gerissen – fast vollzählig am Ort des Geschehens versammelt. Eine Taschenlampe erhellte notdürftig den Grad der Verletzung: Mein Kopf hatte offensichtlich im Fallen auch Kontakt mit einer Marmortischecke gehabt und sich so die Wunde zugezogen.

Inmitten der aufgeregten Schar handelten und sprachen zwei ruhige Menschen besonnen. Notfalltropfen wurden mir auf die Zunge und in die Wunde geträufelt, und als ich mich entschloss, zu Fuß in den Ort zurückzugehen, nahmen diese beiden – eine Frau und ein Mann – mich in ihre Mitte. Erneut flossen die Tränen. Ermuntert von Warmherzigkeit und Verständnis setzte ich Schritt vor Schritt, dieses Mal nicht im Kreis, sondern langsam im Mondlicht durch den Olivenhain den Häusern entgegen. Der Kopf schmerzte, das Blut rann, aber ich fühlte mich geborgen und aufgehoben, Hand in Hand mit diesen beiden.

Die Fürsorge ging noch weiter. Die eine hatte den Arzt verständigt, die andere trug meinen Rucksack, eine dritte wusch meine verschmierten Sachen aus und nahm mich tröstend in die Arme.

Nicht das grobe Nähen der Wunde noch zuvor die dickleibige Spritze (der griechische Arzt hatte Tiermedizin in Deutschland studiert) noch die schmerzende Körperseite konnten es verhindern, dass ich einschlief mit dem Gedanken: Es war ein wunderschöner Tag.

Hunde

Ich habe Angst vor großen Hunden. Wenn ich zur Salzsäule erstarrt wieder einmal von solch einem Riesentier „gestellt" worden bin, womöglich außerhalb der Reichweite von Frauchen oder Herrchen, bringen die es fertig beim langsamen Heranschlendern, während ich in Todesangst verharre, lässig den stupiden Satz zu äußern: „Der Hund riecht das!" Ich könnte sie würgen! Meistens sagen sie auch noch vorwurfsvoll zu mir: „Der Hund tut doch gar nichts!" Neulich habe ich gewagt zu antworten: „Dann schreiben Sie das bitte an Ihr Tier dran!"

Wohlmeinende Leute raten mir, selbst einen Hund anzuschaffen. Das möchte ich aber nicht. Katzen mag ich lieber.

Haben Sie einen besseren Rat für mich?

**Anregungen für Menschen in Notsituationen,
die lernen wollen, besser mit der Angst umzugehen:**

- *Um Wiederholungen unangenehmer Notsituationen, die in unserer Macht liegen, zu vermeiden, Verträge schließen und Affirmationen bereit halten.*

- *Gedankenspiele wie „Was mache ich, wenn...?" durchspielen, solange sie konkret und praxisbezogen bleiben. Sie sollten nicht zu selbsterzeugtem Dauerstress führen in der Art von: . . . „ich mich wieder verfahre wie beim vorigen Mal . . . mich dieser Hund bestimmt wieder anknurrt . . ich sicher wieder einen Unfall haben werde. . ."*

- *Uns unseren Liebsten, unserer Familie und unseren Freunden anvertrauen, denn wenn wir die Angst benennen können, ist sie schon halb besiegt.*

- *Geduld gegen die ärgste Angst entwickeln, gepaart mit dem festen Glauben, dass es einen Ausweg gibt.*

- *Die Lebensenergie in der Musik nutzen. Sie schwächt die Angst ab und fördert die inneren Heilkräfte.*

- *Den Schutzengeln eine Chance geben und um Hilfe bitten.*

- *Bei diffuser Dauerangst, die in die ungewisse Zukunft weist, z.B. generell vor Krankheit, vor Alter und Tod, die Arbeit der Schutzengel unterstützen lassen von professionellen Psychologen und Medizinern.*

12.
Wenn ich mich ärgere

Ärger entsteht, wenn etwas geschieht, das ich so nicht erwartet habe und das für mich wohlmöglich unangenehme Folgen haben kann.

Wir brauchen den Wörtern nur genau ins Gesicht zu schauen. Es heißt: Ich ärgere mich, d. h. nicht den anderen, sondern mich selbst. Mir geht es schlecht, und ich schädige mich, wenn ich mich nur ärgere, statt zu handeln.

Sind Sie ein Mensch, der häufig mit hochrotem Kopf herumläuft, weil er wieder voller Ärger steckt? Bringen Sie kleine Unachtsamkeiten in Ihrer Umgebung schon „auf achtzig"?

Die Sandburg

Anne erlebte am Strand in Spanien, wie ein kleiner Bengel ihr und ihrem jüngeren Bruder immer wieder die Sandburg kaputt machte, sobald sie fertig war – vor aller Augen, ohne dass seine Mutter ihn zurechtwies. Anne versuchte vergeblich, den Burschen in die Bauerei einzubinden, damit er nicht mehr den Drang verspürte, alles zu zerstören. Stattdessen lag er auf der Lauer und wartete nur darauf, wieder zu zertrampeln. Da packte sie die Wut. Bei seinem nächsten Anlauf fing sie ihn ab, zerrte ihn zum flachen Wasser und zog ihn kräftig in all seinen Klamotten durch das Nass. Die Mutter wollte erst protestieren, ließ es aber nach einem Blick in Annes Augen bleiben. Der Knabe schaute nun nur noch von ferne zu.

Tuschwasser

Die Erstklässler saßen konzentriert vor ihren Blättern und durften zum ersten Mal auf ihren dringenden Wunsch hin mit Deckfarben tuschen. Alles war gut organisiert. In der Mitte des Tischkreises standen zwei Eimer, einer mit frischem Wasser, einer für schmutziges Wasser. Es war vollkommen ruhig in der Klasse. Auch der hyperaktive Martin war ausnahmsweise mal bei der Sache. Deshalb klingelten bei mir auch keine Alarmglocken, als er sich – seinen Becher mit Schmutzwasser in der Hand – auf den Weg zu einem der Eimer machte. Doch als er bei Inken vorbeikam, kippte er – schwupp – das Schmutzwasser über ihren weißen Angorapullover, den sie unter ihrer Schürze trug. Wir saßen wie versteinert. Nur Inken stand auf, ohne zu zetern, sagte „Lass das!", schüttelte sich und malte weiter. Ich erwachte aus meiner Erstarrung, ging zu Martin, fasste ihn an den Schultern und sagte: „Das war gemein. Warum hast du das denn getan?", und als keine Antwort kam, setzte ich nach: „Mach sowas ja nicht noch einmal!" Aber er machte es kurz danach, während die Klasse den Atem anhielt, wieder – grinsend und lässig. Wieder über Inken das Schmutzwasser! Ich wurde so ärgerlich, dass ich auf meinen alten Schutzmechanismus zurückgreifen musste – schnell die Hände auf den Rücken – weil ich ihm am liebsten den Hintern versohlt hätte. Aber die Augen aller Kinder waren erwartungsvoll auf mich gerichtet – nach dieser wiederholten Missetat. Kein Kind malte mehr, nur Martin. Da stellte ich einen Stuhl in die Mitte der Klasse, ließ Martin darauf Platz nehmen, griff mir den Becher mit Schmutzwasser von Inkens Tisch und goss ihn mit Schwung über Martin aus, indem ich sagte: „Ich bin Inken." Befreit lachten die Kinder auf, nur Martin heulte – ganz im Gegensatz zu Inken vorher.

Versammelte Pädagogen aller Länder, beruhigt euch!
Ich will um Himmels willen mit den beiden Beispielen keiner Selbstjustiz das Wort reden. Ich will nur hinweisen auf die befreiende spontane Tat mit adäquaten Mitteln, die keine ernsthaften Schäden verursacht, wohl aber den Übeltäter in

*die Schranken verweist und den eigenen Ärger wunderbar
abbaut.*

Grüne Klöße

Es war alles meine Schuld. Ich wollte angeben vor dem Freund,
indem ich ihn, seine Frau – und ein befreundetes Pärchen
gleich mit – zu grünen Klößen einlud, selbstgemachten, versteht
sich. Ohne Daniel zu fragen! Ich stellte ihn vor vollendete
Tatsachen, und er war fair genug, mich nicht allein zu lassen,
sondern half mir: Beim Suchen nach dem richtigen Rezept,
beim Beschaffen der Zutaten, beim unendlichen Reiben
und Ausdrücken der rohen Kartoffeln. Grüne Klöße sind nämlich
thüringische Klöße, die überwiegend aus rohen Kartoffeln
bestehen. Sie müssen unmittelbar vor dem Verspeisen gemacht
werden, sonst sehen sie grau aus. Wir hatten sie zwar
für uns einmal Probe gekocht und waren sehr zufrieden mit
dem Ergebnis, aber als wir dann zu sechst waren, ging fast alles
daneben. Die Rouladen sahen aus wie Köttel. Ausgerechnet
Rote Bete-Suppe als Vorspeise mochte unser Freund gar nicht.
(Er konnte ja nicht ahnen, dass Daniel extra kurz vor Geschäftsschluss
noch einen Zerkleinerungsstab dafür gekauft
hatte.) Die Ehefrau hatte keinen Appetit, und ihre Freundin
fragte arglos, ob sie uns nicht gesagt hätte, dass sie keine Klöße
möge. Der Freund, um den alles ging, bekam den einzigen
Kloß, der zu groß und deshalb nicht gar geworden war, und der
andere Teilnehmer an diesem denkwürdigen Abendessen verteilte
ungeniert während des Mahles irgendwelche Prospekte
aus seinem Institut. Die appetitlose Ehefrau fragte vor meinem
altmodischen Dessert (Zitronenschaumcreme), warum
wir so gestresst wären.

Vor dem Kamin ging es entsprechend unharmonisch weiter.
Während wir beide völlig erschöpft waren, unterhielten sich
die Ehefrau und der Prospekt-Mensch lautstark über Termine
für gemeinsame Veranstaltungen. Unser Kloßfreund geriet
mit Daniel in einen Streit über echte und künstliche Freund-

lichkeit, und ich war unendlich erleichtert, als sie bald gingen. Im Gegensatz zu unseren sonstigen Gepflogenheiten kippte Daniel nur einen ganzen Topf voller dicker Kloßbrühe (die Dinger hatten gekocht, was sie nicht durften) in den Garten und ging dann wortlos in sein Zimmer. Ich räumte auf, wusch ab und wollte den Abend so schnell wie möglich vergessen. Als ich an Daniels Zimmertür vorbeikam, sah ich zwar kein Licht mehr, wollte ihm aber unbedingt noch eine gute Nacht wünschen. Er lag angezogen auf seinem Bett und ließ sich passiv auf kalte Lippen küssen. Im Zimmer roch es penetrant nach Keksen. Ich machte das Licht an und sah sie – überall, die Kekse, die er auf mein Drängen hin noch kurz vor dem Eintreffen der Gäste von einer Tankstelle geholt hatte, Tüten haufenweise. Er hatte sie in seiner Wut an die Wände geschmissen, bis sie zerplatzt waren. Ach, wie habe ich ihn dafür geliebt!

Die Garage ist frei

Elsa handelt weiser. Wenn sie sich geärgert hat, versucht sie die *Wut als eine gewinnbringende Energie* zu nutzen. „Dann kommt es vor, dass ich mit dieser Kraft meinen Komposthaufen umsetze, den halben Garten jäte, Schränke aufräume und Müll wegwerfe. So habe ich kürzlich bei meiner Schwester in unserem Elternhaus drei Tage lang die Garage aufgeräumt, den Sperrmüll von Generationen zum Recycling-Zentrum gefahren, habe mit meiner Entschlossenheit alle Aufbewahrungstendenzen meiner Schwester hinweggefegt, die übrigen Hausbewohner bewogen, sich von ihren dort abgelegten Sachen gleichfalls zu trennen – und habe mir dadurch unsterblichen Ruhm erworben.“

Sina baut Ärger durch *Sport* ab, richtig Sport – keine Vereinsmeierei. „Das Volleyballtraining war am effektivsten, als wir uns noch nicht gut kannten, weil der Sport im Mittelpunkt stand. Jetzt sind es leider manchmal die diversen Befindlichkeiten der Vereinsmitglieder.“

**Anregungen für Sich-Ärgerer,
die zu Sich-Freuern mutieren möchten:**

● *Sich klar machen, dass permanenter Alltagsärger, der
nicht durch Entscheidungen aufgelöst wird, mich selbst
am ehesten schädigt, nicht den, dem der Ärger gilt. Sich
immerzu selbst ärgern ohne Konsequenzen bietet einen
wunderbare „Anleitung zum Unglücklichsein" (Paul
Watzlawic) und fördert Magengeschwüre.*

● *Vermeiden, sich selbst schlechte Gefühle zu verschaffen.*

● *Den Schaden wieder gutzumachen versuchen und sich
die Fehler eingestehen, falls der Ärger durch eigenes Verhalten ausgelöst wurde.*

● *Anerkennen, was ist. Die Tatsachen klar sehen: So ist
die Situation. („Dumm gelaufen" sagte unser Schwiegersohn, als ihm die Heizungsfirma zum dritten Mal die
falschen Heizkörper geschickt hatte.)*

● *Dann gibt es nur dreierlei: Den anderen entschuldigen
oder sich selbst oder beiden verzeihen.*

● *Wer dann noch in der Lage ist, das Positive auch in der
ärgerlichsten Situation zu sehen, ist König, wie ein ara-
bisches Sprichwort sagt:*

*Ärgere dich nicht,
dass der Rosenstrauch
Dornen trägt,
sondern freue dich darüber,
dass der Dornenstrauch
Rosen trägt.*

13.
Wenn ich traurig bin und mich einsam fühle

Einsam fühlen sich nicht nur allein lebende Menschen dann und wann. Inmitten von Partnerschaft und Familie kann eine große Einsamkeit über uns kommen, wenn uns klar wird, dass wir trotz der Einbindung ganz auf uns selbst gestellt sind. Dann fühlen wir uns mit einem Mal auch traurig ohne recht erkennbaren Grund. „Ich weiß nicht, was soll es bedeuten, dass ich so traurig bin . . .", schreibt Heinrich Heine. Merkwürdigerweise ist die Trauer meistens besser zu akzeptieren, wenn wir einen realen Grund haben, traurig zu sein.

Geht es Ihnen auch so? Fällt die Traurigkeit manchmal über Sie wie ein dunkles Tuch? Nehmen Sie den Zustand dann für eine Weile so an, oder versuchen Sie ganz schnell, herauszukommen mit allen Mitteln, die Ihnen zur Verfügung stehen?

Brief aus Berlin

Kathy schreibt: „Ich weiß nicht genau, warum ich mich gerade so traurig fühle. Ob es so ist, weil das Wochenende nicht so war, wie ich es mir gewünscht habe? Oder einfach nur, weil ich jetzt wieder allein bin (Stefan ist eben abgefahren)? Oder ob es Sorge und Vorahnung ist, wegen des Unbekannten, das jetzt auf mich zukommt (das neue Studium, die neue Umgebung)? Deshalb versuche ich erst einmal, wenn es mir schlecht geht, den Grund herauszufinden. Manchmal male ich mir alles noch schrecklicher aus, weine ein wenig und versinke in *Selbstmitleid.* Dann mache ich mir einen Glückstee, esse etwas Leckeres dazu und verdränge alle bösen Gedanken. Wenn ich mich dann im *Spiegel* ansehe und finde den Anblick okay, dann geht es mir schon besser.

Manchmal hilft nur der *Fernseher,* weil man dann nicht nachdenkt. Wenn es zu schlimm wird, *brülle* ich die Wand an oder schlage ins Bett oder auf etwas, das nicht kaputt geht.

Freunde sind auch gut zur Ablenkung. Beim Erzählen übertreibe ich dann und ziehe die Sache ins Lächerliche. Dann *lachen* wir alle, und ich fühle mich befreit. *Wärme* ist auch wichtig, wenn es mir schlecht geht, – und schönes *Wetter.* Ich atme ganz tief die *frische Luft* ein. Nach einer Weile wird mein Kopf leer, und es stellt sich eine Art Gleichgültigkeitsstimmung ein."

Berührungen

Ursel legt in solchen Situationen ihre *Fingerspitzen* aneinander und denkt an etwas Schönes, das sie erlebt hat.

„Mir hilft die *Liebe, auch die körperliche,* wenn es mir schlecht geht", schreibt Henner. „Die nackte Haut der Partnerin zu spüren, ist so schön, dass ich alles vergesse."

Bei Hannelore genügt es schon, wenn sie sieht, wie schlecht es anderen geht: Ein Erdbeben im Fernsehen, ein Obdachloser auf der Straße, eine Freundin im Krankenhaus . . . Der *Vergleich* macht ihr klar, wie gut es ihr geht, und sie kommt sich unangemessen wehleidig vor. Dann versucht sie, anderen zu helfen und hat damit sich selbst geholfen.

Auch Elke ist sehr froh, wenn sie in solchen Zeiten gebraucht wird, am liebsten von den Enkeln. „Die natürliche Zuneigung, die *Berührungen und Umarmungen* sind Balsam für meine Seele. Die Schwärze wird heller", sagt sie.

Keine Hilfe von außen

Greta erbittet sich im Zustand der Niedergeschlagenheit „keine Hilfe von außen". Sie möchte *„die Situation allein in den Griff bekommen.* Wenn es mir etwas besser geht, spreche ich gern mit Menschen, die gut zuhören können, und stelle mein Problem zur Diskussion. Dann merke ich auch, dass es anderen manchmal ähnlich geht. Mein Partner fühlte sich lange schuldig an meiner Stimmung. Deshalb teile ich es ihm jetzt immer mit, was mich bedrückt. Aber helfen kann er mir nicht – die Nähe ist wohl zu groß in einer so langwährenden Ehe." Sie ergänzt: „Die deprimierenden Ereignisse, die von außen auf uns zukommen, z. B. der Vogelmord in Italien, haben mich lange Zeit sehr ,runtergezogen'. Jetzt wappne ich mich besser, indem ich meine Handlungsmöglichkeiten überprüfe."

Bente beugt vor, wenn sie den Eindruck hat, dass eine Depression kommt. Sie setzt sich auf einen Hocker und macht *Atemarbeit* nach Ilse Middendorf. Manchmal genügt schon genüssliches Dehnen, Federn und Schwingen. Sie muss sich nur für etwa zehn Minuten richtig darauf einlassen.

Manchmal legt sie sich auch aufs Bett und hängt *Tagträumen* nach. Sie produziert schöne Wunschbilder in leuchtenden Farben und „füllt damit ihre Seele auf".

Herta, fast neunzig Jahre alt, seh- und gehbehindert, setzt sich jeden Abend vor dem Schlafengehen an einen Tisch. Auf dem steht eine sehr hell leuchtende Lampe. Herta nimmt sich ein *Fotoalbum* und schaut mit der Lupe Foto für Foto an. Dabei kommen die Erinnerungen. „Ich meine, das Lachen zu hören, rieche die Wiese und fühle die Stimmung, in der ich damals war." Sie geht chronologisch vor, nimmt sich jeden Abend ein anderes Album, und wenn sie durch ist durch ihr ganzes langes Leben, fängt sie wieder von vorne an.

In Kamerun

Mich überkam eine tiefe Traurigkeit, die mit großem Glücks-
gefühl gemischt war, als ich einen Nachmittag bei einer Land-
wirtschaftskooperative unter schwarzen Frauen in Kamerun
verbringen durfte. Die natürliche Heiterkeit der materiell armen Leute, die ungekünstelte Herzlichkeit, mit der sie uns auf-
nahmen, die kindliche Freude an unseren kleinen Geschenken –
all das rührte mich zutiefst. In die *Dankbarkeit*, solche Augenblicke erleben zu dürfen mit fremden Menschen, mischte sich
die Trauer über unser verlorenes Paradies in der weißen Zivi-
lisation. Auf dem Rückweg weinte ich hemmungslos, und meine liebevolle schwarze Begleiterin fragte teilnahmsvoll, ob ich
Heimweh hätte. Sie konnte nicht ahnen, wie recht sie hatte.

Nicht mit Gewalt

Christine sieht besonders den Zusammenhang zwischen eigener trauriger oder verkrampfter Ausstrahlung und daraus re-
sultierender Erfolglosigkeit. „Du weißt doch, dass ich jahrelang zur Kur gefahren bin wegen meiner Hüftbeschwerden.
Immer habe ich mir fest vorgenommen, den Mann für's Leben
zu finden (weil meine Ehe mit dem Alkoholiker ja in die Brü-
che gegangen ist). Nichts da! Kurschatten jede Menge, aber
nichts Ernsthaftes. Beim letzten Kuraufenthalt bin ich total
locker gewesen, Mann hin, Mann her, ich wollte vor allem eine schöne Zeit haben. Und siehe da: Herbert saß gleich am ersten Tag an meinem Tisch, und nun sind wir schon zehn Jahre
verheiratet. Seitdem sage ich immer: *Nur nichts mit Gewalt
wollen. Es kommt, wie es kommen soll!*"

Im Bunker

Als achtjähriges Kind im Luftschutzbunker beobachtete ich,
wie hartherzig meine ältere Schwester mit dem jungen Mann
umging, der sie so sehr liebte und am nächsten Tag zur Front

musste. Obwohl ich die Zusammenhänge nur erahnte, wurde ich sehr traurig. Als ich sie bat, netter zu ihm zu sein, lachte sie mich aus. In meiner einsamen Traurigkeit half mir nur mein *Wachspüppchen*, das ich, auf rosa Watte gebettet, in einer Streichholzschachtel immer bei mir trug. Zu diesem winzigen Ding sprach ich und fühlte mich verstanden und getröstet.

Der Regenbogen

Malte schreibt: „Vor ein paar Jahren war ich mit einer Gruppe in Schottland. Es ging mir sehr schlecht (aus Gründen, die ich nicht nennen will), und ich ging spazieren durch die wunderschöne schottische Landschaft. In dem Moment – das glaube ich bis heute – hat Gott mir mit der *Schönheit der Natur* gezeigt, wo der Weg langgeht und hat mir geholfen, meine Trauer zu überwinden. Das Beten zu Ihm hat mich befreit – und der Regenbogen, den er mir geschickt hat! Das war ein überwältigender Augenblick. Ich lief schreiend durch die Natur, und als ob ich erhört worden wäre, riss der Himmel auf und zeigte diesen wunderbaren Regenbogen. Gott hat meiner Seele geholfen, auch wenn das keine greifbare Hilfe war. Aber es war eine Hilfe!"

Silvester allein

In dem Monat, als ich nach dem Tod unseres Kindes glücklicherweise gerade wieder schwanger geworden war, erkrankte Susanne, die Älteste, an Röteln. Es war nicht auszumachen, ob ich die Krankheit als Kind schon gehabt (meine Mutter wusste es nicht mehr) und dadurch Antikörper gebildet hatte. So blieb uns nichts anderes übrig, als mich und Susanne für vier Wochen zu trennen. Bruder und Schwägerin waren sofort bereit, die Fünfjährige aufzunehmen. Am 30. Dezember machte sich Daniel mit Susanne auf den Weg von Hameln nach Köln. Ich war plötzlich mutterseelenallein. Da kam eine so abgrundtiefe Traurigkeit über mich, eine so bodenlose Einsamkeit, dass ich nicht mehr leben wollte. Ich hatte auch große Sehnsucht nach unserem toten Kind. Ich kramte alle Schlaftabletten zusammen, die wir hatten, löste sie in Wasser auf, schrieb einen Abschiedsbrief und wollte das Getränk gerade zu mir nehmen, da klingelte es an der Tür. Obwohl ich mich nicht rührte, so dass es den Anschein haben konnte, als wäre niemand zu Hause, wurde weiter geklingelt. Als ich endlich tränenüberströmt aufmachte, stand Gunnar vor mir – mit sorgenvollem Gesicht. Er war der Mann meiner Freundin und von ihr zu mir geschickt worden, weil ihr plötzlich aufgegangen war, dass ich Silvester allein sein würde. Nach einem Blick auf den Tisch ließ er mich nicht mehr aus den Augen und nahm mich gleich mit nach Hannover.

Lieblingsgedichte

Seit Jahren leite ich einen Kurs in der Volkshochschule, der heißt: „Gedichte lesen, betrachten, gestalten". Außerdem feiere ich meinen Geburtstag jedes Jahr mit einer Reihe von Freundinnen in Form eines Gedichte-Tages. Jede Frau bringt ihr Lieblingsgedicht mit oder eins, das zu dem Motto passt, das ich vorgegeben habe: Frühling, Nacht, Wald oder Alter, Liebe, Frieden . . . Einmal hatten wir das Thema: *Ein Gedicht, das mir in schwierigen Zeiten hilft.* Da kamen viele Gedichte zusammen, hier nur einige in Ausschnitten:

Stufen
„Wie jede Blüte welkt und jede Jugend
dem Alter weicht, blüht jede Lebensstufe . . ."
Hermann Hesse (1877–1962)

Ich lobe den Tanz
„Er befreit den Menschen von der Schwere der Dinge,
bindet den Vereinzelten zur Gemeinschaft . . ."
Augustinus (354–430)

Schläft ein Lied in allen Dingen
die da träumen fort und fort,

und die Welt hebt an zu singen,
triffst du nur das Zauberwort.

Joseph v. Eichendorff (1788–1857)

Vor jedem steht ein Bild
des, was er werden soll.
Solang er das nicht ist,
ist nicht sein Friede voll.

Friedrich Rückert (1788–1866)

Das Wichtigste
. . .
Die wichtigste Stunde
ist immer die Gegenwart,
der bedeutendste Mensch der,
der dir gerade gegenübersteht,
und das notwendigste Werk
ist stets die Liebe.

Meister Eckehart (1260–1328)

Nicht müde werden
sondern dem Wunder
leise
wie einem Vogel
die Hand hinhalten.

Hilde Domin (geb. 1912)

Der Tag
Der Tag ist ein Berg
Du musst ihn täglich besteigen
Lawinengeröll
Tangran Wipfel die
den Himmel im
Gleichgewicht halten

Rose Ausländer (1907–1988)

Die *Stufen* versöhnen mit dem Älterwerden. Augustinus hilft
uns, indem er zum *Tanz* auffordert. Eichendorff und Rückert

regen zur Besinnung auf uns selbst an. Meister Eckehart ist so modern wie eh und je und zeigt auf, wie wichtig das „Leben im Hier und Jetzt" ist. Hilde Domin und Rose Ausländer geben uns Hoffnung.

Manche Gedichte kommen im rechten Augenblick zu uns und sind dann für eine bestimmte Zeit unsere Lieblingsgedichte. So ging es mir mit diesem von *Reiner Kunze* (geb. 1933):

Apfel für M. R.-R.

Höchste zeit kommt
von innen

Höchste zeit ist, wenn
die kerne schön
schwarz sind

Und das weiß zuerst
der baum

Mir hilft es in Tagen, an denen ich mich total fremdgesteuert fühle und mein eigenes Tempo nicht einhalten kann. Wenn ich mich abhetze für von außen gesetzte Termine, ohne etwas in Ruhe reifen zu lassen.

Manchmal sind es nur Zeilen aus einem Gedicht, die sich bei uns festsetzen und uns begleiten:
Gerda wird angerührt von „Kleine Hand in meiner Hand . . ." von Friedrich Schnack (1888–1977).
Evi geht die Anfangszeile aus dem Gedicht *März. Brief nach Meran* von Gottfried Benn (1886–1956) nicht aus dem Sinn: „Blüht nicht zu früh, ach blüht erst, wenn ich komme . . ."
Christa sagt manchmal vor sich hin:
„Ich habe zu Hause ein blaues Klavier
Und kenne doch keine Note . . ." aus *Mein blaues Klavier* von Else Lasker-Schüler (1869–1945).
Heidi hat sich einen Satz aus Bertolt Brechts (1898–1956)

Lied vom Freundlichsein zu Eigen gemacht: „Ein gutes Wort entschlüpft wie ein wohliger Seufzer".

Wenn Hanne nur den Namen Robert Gernhardt (geb. 1937) hört, bekommt sie schon gute Laune, weil ihr seine Lyrik so über alle Maßen gut gefällt.

Das gilt nicht nur für fremde Gedichte, sondern auch für eigene. Margret schreibt im Zustand der „Anhaftung" (ein buddhistischer Begriff), wenn das Gefühl der Niedergeschlagenheit sie total beherrscht, am liebsten Gedichte. „Die Emotion wird benannt, der Zustand erhält eine Beschreibung, und durch das Lesen erhalte ich die gewünschte Distanz." Vorher allerdings versucht sie zu meditieren mit dem Ziel, „in jeder Situation zuversichtlich zu sein und jedes Problem als Chance zu betrachten."

**Anregungen für Traurige und Einsame,
die Trost brauchen:**

● *Trost in Gedichten, eigenen und fremden, suchen.
Den Kern unseres Zustands durch das „Verdichten" besser erkennen und fühlen.
Die Worte immer wieder laut lesen, so dass sie eine große Kraft entwickeln, die uns über Trauer und Einsamkeit hinweghilft.*

● *Durch Eigeninitiative aus der Einsamkeit ausbrechen.*

● *Angebote nutzen, sich mit Gleichgesinnten oder Gleichaltrigen regelmäßig zu treffen.*

● *Freunde als Schutzengel erkennen und sie hereinlassen.*

● *Bewegen in frischer Luft.*

● *Berührungen, Umarmungen, Liebe genießen.*

● *Tagträumen.*

● *Fotos aus der Vergangenheit betrachten und sich die entsprechenden Situationen wieder vergegenwärtigen.*

14.
Wenn wir Abschied nehmen müssen

Abschied nehmen gehört zum Leben wie das Sterben. Deshalb werden Abschiede oft als „kleine Tode" bezeichnet. Manchmal tun sie richtig weh. Ängstliche Menschen meiden Abschiede. Sie möchten, dass alles so bleibt, wie es ist. Sie gehen auch niemals zu Beerdigungen und haben große Schwierigkeiten, ihre Kinder aus dem Haus gehen zu lassen. Jede Veränderung, die ja ein Abschied von Gewohntem ist, löst bei ihnen Angst, manchmal sogar Panik aus. Ich vermute, dass sie Angst vor dem Älterwerden und letztlich vor dem Sterben haben und der irrigen Meinung sind: Wenn ich nichts verändere, verändert mich auch nichts. Sie sind unfähig, loszulassen und verbauen sich damit ihre Chancen, Neues kennen zu lernen und ihren Horizont zu erweitern.

Fliegt, Kinder, fliegt!

Kirsten schreibt: „Als Franziska ihr Abitur gemacht und beschlossen hatte, sich auf einem amerikanischen College anzumelden, musste ich sie in Frankfurt zum Flughafen bringen. Während sie im Tunnelgang zum Flugzeug verschwand, eilte ich auf die Besucher-Plattform, um von dort mit einem roten Tuch zu winken. Da standen andere Eltern, die ihrem Kind nachschauen wollten, und ich empfand ein schmerzliches doppeltes Verlassensein. Der liebevolle Arm des Mannes auf der Schulter der Frau neben mir machte mir bewusst, dass mich kein Partner trösten würde.

Als das Flugzeug abgehoben hatte – es war ein klarer Herbsttag – folgte ihm ein *Vogelzug.* Eine Formation, wie sie immer sein wird, ein Leben, das ohne mich geschieht und bei dem ich nicht im Mittelpunkt stehe. Das hat mich getröstet."

Der Brief geht weiter: „Als einen Monat später auch Peter für ein Jahr in die USA auszog und ich allein als Familienstützpunkt übrigblieb, wusste ich, wie mich der Abschied am Flughafen belasten würde. Aber es kam dann doch ganz anders: Wir verpassten das Flugzeug! Sehr frühzeitig waren wir auf der Autobahn gewesen, rechtzeitig am Flughafen, und um uns die Zeit zu vertreiben, erkundeten wir die Etagen, betrachteten die Maschinen und die Reisenden. Die Anzeigentafel hatte längst auf den Abflug hingewiesen, ich kann nicht erklären, welche Zeit wir falsch gelesen oder falsch interpretiert hatten. Schließlich trennten wir uns, Peter schritt fröhlich zum Abflugterminal, ich lief zur sight-seeing Plattform – und sah, wie die Maschine nach San Franzisco abhob. Als ich mich umdrehte, kam mein Sohn auf mich zu, schwenkte seinen roten Rucksack, ließ ihn dann vor meine Füße fallen und sagte: „Mist!" Bei den folgenden organisatorischen Problemen – neuer Flieger, neue Zeit, neue Route, Telegramme an die wartenden Abholer – blieb überhaupt keine Gelegenheit, sich einer betrüblichen Stimmung hinzugeben. Als ich schließlich wieder auf der Autobahn war, nachdem Peter in Richtung Chicago gestartet war, bin ich voll damit beschäftigt gewesen, Aufregung, Zittern, Herzklopfen zu zügeln, um mich auf den Verkehr konzentrieren zu können. Am liebsten hätte ich einen Schnaps gehabt, aber nicht gegen Trennungsweh, sondern gegen Ärger und Beschämung über die unverständliche Panne. Es ist lange her, und ich bin nun doch geneigt, das *Verpassen des Flugzeugs als unbewusste Selbsthilfe* zu deuten."

Abschied von Speedy

Birgit hat mir diesen Bericht geschickt: „Ich hatte bis vor knapp zwei Jahren ein kleines Meerschweinchen. Ich bekam es, als es sechs Wochen alt war, und es war nicht nur mein Haustier, sondern auch mein bester Freund. Es war nicht einfach nur ein Meerschweinchen – es merkte, wenn es mir schlecht ging. Wenn ich es auf den Arm nahm, kuschelte es sich an mich, und wenn ich weinte, leckte es meine Tränen weg. Mag sein, dass es den salzigen Geschmack mochte, das war sogar sehr wahrscheinlich, aber für mich war es mehr. Ich bin sicher, dass es merkte, wenn ich Trost brauchte. Es wurde nie ungeduldig und hatte immer die Zeit für mich, die ich brauchte. Ich hatte nicht das Bedürfnis, mit jemand anderem zu sprechen, denn ich glaube, meine kleine Speedy verstand mich ohne Worte. Und es ging mir damit immer besser.

Langsam wurde das Tier älter und auch krank. Es hatte Krebs, und ich habe es, obwohl es doch nur ein kleines Meerschweinchen war, operieren lassen. Operationen bei so winzigen Tieren sind sehr kompliziert, und leider enden sie oft tödlich, doch ich hoffte, wusste, dass sie es schafft. Speedy schaffte nicht nur die eine Operation, sondern noch einige mehr, doch ich wusste, dass es besser war, als sie einschläfern zu lassen. In den letzten Jahren – sie wurde achteinhalb Jahre alt – war ich dann immer für sie da, und ich merkte, dass es ihr gut tat. Ich habe sie gepflegt, gefüttert, gestreichelt, mit ihr geredet und ihr Wärme gegeben. *Ich habe sie geliebt, und sie liebte mich auch, das wusste ich.* In den letzten Monaten habe ich ihr alles zurückgegeben, was sie mir in der Zeit davor gab. Als sie starb, hat sie gewartet, bis ich von der Uni nach Hause kam, und sie starb in meinen Armen."

Drohender Abschied

Rolf schreibt von der Kraft, die aus einem drohenden Abschied erwachsen kann: „Als Ulla und ich uns kennen gelernt hatten, gab es eine Phase, in der sie sich von mir zurückzog und es aussah, als ob alles aus wäre. Nach einer Leidenszeit von etlichen Wochen hat es mir geholfen, dass ich mich damit abfand und eine innere produktive Aggressivität entwickeln konnte. Ich sagte zu mir selbst: Ich bin auch viel wert ohne diese Beziehung, und habe so viele Möglichkeiten, mein Leben zu entfalten! Es war eine Art Trotzhaltung, doch durch diesen Einstellungswechsel ging es in der Beziehung zu Ulla wieder steil bergauf. Ich kann aber nicht sagen, wie stabil meine *innere Unabhängigkeitserklärung* gewesen wäre, wenn es bei der Trennung geblieben wäre."

Bei Christian löste die Verschiebung der Verlobung (die Einladungen waren schon verschickt) eine Art Panik aus. Die geliebte Person für immer an einen anderen verlieren! Das war ihm unerträglich, unvorstellbar. Mordgedanken, den Rivalen betreffend, schossen ihm durch den Kopf, dann wieder Selbstmitleid bis hin zu Selbsttötungsgedanken. Eine schreckliche Zeit! Ihm haben *Gespräche* geholfen mit alten Schulfreunden, die ähnliche Situationen kannten. Er hat ihren Rat befolgt, die wortbrüchige Verlobte in Ruhe zu lassen, nicht dauernd zu bedrängen. Vor allem hat er viel Unterstützung erfahren von seinen zukünftigen Schwiegereltern, die auch ganz enttäuscht von dem Absprung der Tochter waren. Sie haben ihm durch ihre unverbrüchliche Wertschätzung ein allzu großes Minderwertigkeitsgefühl erspart. Seine geliebte Beate hat sich dann doch für ihn entschieden – aus freien Stücken. Vor kurzem haben sie Silberhochzeit gefeiert.

In Rente gehen

Abschied vom Beruf ist für viele Menschen schwer erträglich. Die gewohnte Tätigkeit fällt weg. Die Tagesstruktur ist plötzlich eine ganz andere. „Mit einem Mal fühle ich mich alt", sagt Bernhard. „Ich werde ja nicht mehr gebraucht." Seine Frau redet ihm ein, er habe den Ruhestand nun verdient und dürfe in Dauerurlaub gehen. Sie sorgt auch dafür, dass immer etwas „los" ist bei ihnen, sie haben viel Besuch, machen Ausflüge, gehen zum Kegeln ... „aber das ist nur eine Ablenkung, mehr nicht", meint Bernhard. „Es müsste *eine richtige Aufgabe* kommen, so was wie ein neuer Anfang."

Und wer warten kann und offen ist, dem fliegt auch etwas Wichtiges zu. In Bernhards Fall ist es eine Biene. Auf einmal fällt ihm sein Jugendtraum wieder ein. Er wollte immer Imker werden mit eigenen Bienenstöcken und allem Drumherum. Er macht sich auf zum Imkerverein, lernt und schafft an, verbringt viel Zeit auf informativen Treffen und ist nun nicht nur beschäftigt, sondern richtig engagiert. – Neulich hat er uns eins seiner ersten Gläser Honig mitgebracht und einen Spruch dazu: *Altsein ist etwas Herrliches, wenn man nicht verlernt hat, was Anfangen heißt.* (Martin Buber)

Der Tod des Großvaters

„Als ich erfuhr, dass der Opa gestorben ist, ging's mir schlecht", erzählt Christof. „Am liebsten hätte ich mich nur in die Ecke gesetzt und dauernd geheult. Aber dann habe ich mich aufgerafft, bin zu Oma gefahren, habe unterwegs eine Blume für sie gekauft. Da sah ich schon drei Autos vor'm Haus, und dann war es nicht so schlimm, wie ich gedacht habe, weil ich etwas tun konnte. Zunächst musste ich viel telefonieren, um meinen Vater zu erreichen, das Agieren tat gut. Dann war es ungeheuer wichtig für mich, dass ich Opa noch einmal *in den Arm nehmen* konnte. Er war schon tot, doch ich habe ihm so „Tschüs" gesagt. Wir haben in den nächsten Tagen auch viel über Opa und sein Leben gesprochen. Das hat auch bei der Trauer geholfen. Ich bin auch echt froh, dass alle Leute sagen, ich sähe Opa so ähnlich – weil ich ihn ja so gern mochte. Und seine Sachen trage ich auch gern (mein Freund findet das komisch), seinen Smoking, seinen Morgenmantel . . . Ganz stolz bin ich auf die Rolex-Uhr, die Opa mir zur Gesellenprüfung geschenkt hat. – Übrigens, dass meine Schwester an dem Abend nach Opas Beerdigung mit ihrem Freund ins Kino gegangen ist, das fand ich zuerst voll daneben, auch wenn's ein ernster Film war. Aber dann hat sie mir erzählt, sie hätte nach dem Film erst so richtig *weinen* können. Wie aus einem Vulkan seien die Tränen aus ihr herausgeschossen, und danach hätte sie ein Nachtgespräch mit ihrem Liebsten gehabt über das Leben und den Tod und Religion – stundenlang. Naja, und da habe ich gedacht, das hat sie wohl gebraucht."

Wir haben noch so viel Zeit

Klaus hat sich vorgenommen, nie wieder zu sagen „Wir sehen uns dann mal", wenn es eine Beziehung zu einem guten Freund ist. „Gleich treffen und reden und *die Freundschaft richtig pflegen!*", hat er sich geschworen, denn innerhalb kurzer Zeit sind zwei seiner besten Freunde (44 und 50 Jahre alt) unerwartet schnell gestorben. Er konnte sie zwar beide noch im Krankenhaus besuchen, aber auch dann haben sie alle gedacht: Wir haben ja noch so viel Zeit. „Aber das stimmt nicht. Du kannst es nicht bestimmen. Es holt dich ein, und du kannst es nicht rückgängig machen." Womit er vermutlich den Tod meint. Nun hat er sich auch intensiv mit Trauerarbeit befasst, hat ein Fachbuch dazu immer im Nachtschrank liegen und liest darin, wenn er nicht schlafen kann.

Der Waldspaziergang

Wenn es nach mir gegangen wäre, hätte es keinen Abschied für immer gegeben. Ich wollte nur endlich einmal „reinen Tisch" machen. Deshalb habe ich meiner Freundin während eines Waldspazierganges einmal gehörig die Meinung gesagt – und die ist wohl etwas zu heftig ausgefallen. Seit dreißig Jahren waren wir befreundet, eng befreundet im landläufigen Sinne, aber das Spektrum unserer „Themen" engte sich immer mehr ein. Über Religion sprachen wir von Anfang an nicht, weil wir da sehr unterschiedlicher Meinung waren. Politik empfand Reinhild als unergiebig. Sex war tabu, Partnerschaft nur im grünen Bereich erwünscht. Es blieben als Gesprächsthemen die eigenen und die fremden Kinder, solange die einen noch im Haus waren und die anderen zum gemeinsamen Beruf gehörten.

Als ich vor ihr pensioniert wurde, ging es mir richtig schlecht mit ihr. Sie erzählte weiterhin über Schwierigkeiten mit Eltern und Hausmeister und Kollegen in ihrer Schule, und ich merkte von Treffen zu Treffen immer mehr, dass mich das alles langweilte. Wenn ich von meinen Problemen in meinem neuen Stand berichtete, ging es ihr offensichtlich mit mir genauso. Es kamen jedenfalls total unbrauchbare Ratschläge von ihr. In dieser Phase zeigte es sich, dass wir versäumt hatten, eine gediegene Streitkultur zu entwickeln. Wir gingen miteinander um wie mit rohen Eiern und wagten immer weniger. Inzwischen grauste mir vor jeder Verabredung, und wenn wir uns dann trafen, benahm ich mich absolut pubertär, was sie mit Engelsgeduld ertrug, was mich wiederum noch mehr aufregte und so weiter. So kam es dann zu meinem Ausbruch. Ich schmiss ihr einige meiner Kritikpunkte an ihren Handlungen vor die Füße und hatte wirklich die Hoffnung, dass ich dadurch die Freundschaft beleben könnte. Aber sie – an Kritik von mir überhaupt nicht gewöhnt – fühlte sich so verletzt, dass sie den Kontakt zu mir abbrach. Ich war zuerst erstaunt, dann erleichtert und schließlich traurig über die vertane Chance. Jetzt ist es, als wären wir für einander gestorben. Dass wir im Alter nicht mehr die schönen Erinnerungen austauschen werden, das schmerzt manchmal. Und doch ist mir dieser Abschied viel lieber als das matte Dahindämmern unserer Freundschaft in der Zeit davor.

**Anregungen für Abschiednehmende,
die einen neuen Anfang wagen wollen:**

- *Sich klarmachen: Nur wo Altes stirbt, kann Neues wachsen.*

- *Unseren Abschiedsschmerz der Zeit anvertrauen.*

- *Er bleibt zwar, aber er verändert sich, wird milder, begrenzter und entfernt sich langsam weiter von uns weg.*

- *Liebend nehmen – liebend geben, im Ausgleich wird der Abschied erträglicher.*

- *Durch eine Art Unabhängigkeitserklärung den Realitätssinn stärken.*

- *Sich einer richtigen Aufgabe zuwenden.*

- *Weinen und sich in den Arm nehmen.*

- *Den Augenblick genießen und die Freundschaften jetzt pflegen, bevor es zu spät ist.*

- *Den Trennungsschmerz vom Partner oder von Freunden ertragen und an den Spruch denken: Lieber ein Ende mit Schrecken als ein Schrecken ohne Ende.*

15.

Wenn wir von Krankheit betroffen sind

Gesundheit ist nicht nur Abwesenheit von Krankheit, sondern ein Wohlbefinden rundum: Körper, Geist und Seele im Einklang als Ganzheit. Um mich herum sind aber nur Leute (mich selbst eingeschlossen), die in dem Sinne nicht ganz gesund sind. Entweder fehlt ihnen dauerhaft etwas, oder sie werden in unregelmäßigen Abständen von krankheitsähnlichen Zuständen heimgesucht: Erkältung, Kopf- und Rückenschmerzen, Probleme mit den Gelenken, Verdauungsbeschwerden ... und wenn es ihnen selbst gerade einigermaßen gut geht, bekommt der Partner bestimmt einen Hexenschuss. Dann leiden sie womöglich mehr mit ihm, als wenn sie selbst betroffen wären.

Kennen Sie einen einzigen Erwachsenen, der noch nie krank war? Den möchte ich kennen lernen! Gibt es hier in unseren Breiten noch vollkommen gesunde Menschen – außer einigen glücklichen Kindern?

Ich dachte ich fahr mit dem Sarg

Irmgard fuhr mit ihrer älteren Freundin über die Weihnachtsferien nach Zypern. Am letzten Tag fiel die Freundin in eine ungesicherte Baugrube, erlitt schwere Kopfverletzungen und lag fortan im Koma. Irmgard setzte alles daran, dass die Kranke trotzdem so schnell wie möglich in die Heimat überführt wurde. Ein Rechtsanwalt, „unser Engel", half ihr dabei, obwohl es hieß, die Freundin sei nicht transportfähig.

In Hamburg kam die Patientin ins Zentrum für Schwerstgehirngeschädigte. Die Ärzte machten Irmgard keine Hoffnungen, aber sie besuchte die Freundin jeden Tag – vier Monate lang. Sie sprach zu ihr, streichelte sie, passte auf, dass man sie richtig versorgte, half den Schwestern auch, wo sie konnte. Nach zwei Monaten wachte die Freundin auf. „Ein Wunder", staunten die Ärzte. Aber die Kranke konnte noch nicht sprechen. Ein mühsamer Lernprozess begann. Nach einigen Wochen antwortete sie, ohne zu wissen, was sie geantwortet hatte. Der Durchbruch kam, als die Krankenschwester meinte, Irmgard würde wohl an diesem Tag nicht kommen, und die Kranke im halbwachen Zustand protestierte: „Wenn die sagt, sie kommt, dann kommt sie auch."

Nach weiteren Wochen das nächste Wunder: Irmgard kann die Patientin im Rollstuhl im Park spazieren fahren. „Und dabei ging mir auf, dass es nicht nur ein Geben war. Es war genauso ein Nehmen. Ich spürte, dass diese Erfahrung mir, der Single-Frau, gefehlt hatte im Leben: für jemand anderen sorgen. Mit einer anderen Person das Leben Tag für Tag neu entdecken! Es war eine schwere und zugleich schöne Zeit. Echte alte Freunde haben uns beigestanden und uns ermutigt." Nach elf Monaten kann die zuvor Schwerstkranke entlassen werden – in ihre eigene Wohnung. Wieder beginnt für Irmgard eine harte Zeit, denn die Freundin wohnt in Uelzen, Irmgard unterrichtet aber im 60 Kilometer entfernten Hamburg. Das heißt: Jeden Morgen um 5 Uhr aufstehen, nach der Schule schnell in die eigene Wohnung und die Post abholen, dann nach Uelzen und für sich und die Freundin einkaufen und kochen. Als Irmgard mich anruft, ist sie zum ersten Mal seit einem Jahr wieder für fünf Tage in ihrer eigenen Wohnung. Die Freundin braucht sie nicht mehr täglich. Sie kann sogar wieder mit dem Hausarzt vierhändig Klavier spielen. Zurückgeblieben ist nur eine gewisse Schreckhaftigkeit. Deshalb fährt sie noch nicht wieder Auto.

„Es war eine schwere und reiche Zeit", wiederholt Irmgard. „Dass ich so viel Hoffnung und Kraft aufbringen konnte, hätte ich mir selbst nicht zugetraut. Ich dachte, ich fahre mit dem Sarg nach Hause. Es war wie eine Auferstehung für die Freundin und im gewissen Sinne auch für mich. Ich bin dankbarer und großzügiger geworden und gelassener. Ich kann schwierige Elterngespräche besser führen und frage mich häufiger: *Ist das wirklich wichtig im Leben? Jeder Tag ist mir ein Geschenk.*"

Sie isst so gerne Matjes

Unsere alte Schustersfrau, die nach dem Tod des Mannes allein und mühsam den Laden weiterführt, indem sie auf Reinigungs- und Reparaturannahme umgestellt hat, besucht jeden Samstag ihre noch ältere entfernte Verwandte im Altersheim. Sie bringt ihr – wenn möglich – Matjes mit, „weil sie den für ihr Leben gerne isst". Und weil alle Insassen auf demselben Flur im Heim nun wissen, dass die „Schustersche" regelmäßig zu der Cousine kommt, versammeln sie sich und wollen auch ihre kleinen Streicheleinheiten. „Der einen nähe ich den Knopf an, dem anderen helfe ich in die Hausschuhe, die nächste muss ich kämmen, weil das für das Pflegepersonal alles zu zeitaufwendig ist. Die meisten kriegen ja nie Besuch. Manchmal bin ich ganz schön kaputt, wo ich doch selbst schon auf die siebzig gehe, aber dann denke ich wieder: Ich kann die doch nicht einfach im Stich lassen. Aber wissen Sie, was ich nicht begreife, dass da nicht mal junge Leute kommen, die die Alten einfach mal im Rollstuhl im Park herumfahren. Dann kämen die doch mal an die frische Luft."

Knackis und Kinder

Es handelt sich nicht direkt um Krankheit, aber es passt hier so gut her. Zwei von meinen Freundinnen engagieren sich seit Jahren ehrenamtlich im sozialen Bereich. Beide sind Singles. Katja hilft in Projekten, die Kindern zugute kommen, durch ihre Arbeit bei „Terre des hommes". Sie unterstützt diese Hilfsorganisation, indem sie Ausstellungen mit vorbereitet, Gelder sammelt, Kinderfeste mitgestaltet, Informationsstände betreut und Büroarbeit erledigt.

Erika besuchte zunächst einmal in der Woche einen Strafgefangenen, zu dem sie geduldig ein tragfähiges Vertrauensverhältnis aufbaute, um ihm dann nach seiner Entlassung wieder „auf die Beine" zu helfen. Sie bekam von erfahrenen Anstaltspsychologen Supervision und traute sich schließlich sogar, Gruppenarbeit mit „Knackis" (so nennt sie ihre Gruppenmitglieder) zu machen. Seit Jahren ist sie eine Art geachteter „Institution" in ihrer Abteilung.

Eine andere Freundin geht regelmäßig ins Krankenhaus zur ehrenamtlichen Krankenhausseelsorge, obwohl sie Beruf und Familie hat.

Alle drei Frauen sind keine Märtyrertypen, die sich für ihre Mitmenschen aufopfern wollen. Sie berichten übereinstimmend, dass ihnen diese Arbeit viel abverlangt, dass sie aber auch viel Kraft daraus schöpfen. Geben und Nehmen hielten sich meistens die Waage.

Die Krankheit der Schwester

Maren hat mir zuerst lauter kleine Zettel geschrieben, was ihr gut tut, wenn's ihr schlecht geht. Auf den Zetteln stand von „Schokolade essen" über „im Chor singen" bis hin zu „im Selbstmitleid versinken" vieles von dem, was andere mir auch geschrieben haben.

Dann kam ein Brief von ihr: „Nun habe ich richtig großen Kummer. Eine meiner Schwestern hat Krebs bekommen, der nicht operabel ist. Wir Schwestern mögen uns sehr gern. Entsprechend leide ich mit. Ich habe festgestellt, dass ich für mich viel Ruhe und Einkehr benötige. Ich bin also durch den Stadtpark gelaufen (Bewegung ist dann immer gut) zur Kirche. Dort habe ich das *Meditationsgebet, den Rosenkranz,* für mich wieder neu entdeckt. Er besteht aus immer wiederkehrenden Gebeten mit unterschiedlichen Zusätzen. Wenn man sich als Außenstehender das Rosenkranzgebet anhört, klingt es sehr monoton, aber es hat mir so viel Zuversicht gebracht, dass ich inzwischen wieder für andere Dinge den Kopf frei bekommen habe. Ich kann über meinen Kummer sprechen, ohne gleich

weinen zu müssen. Ich kann mit Gelassenheit darüber nachdenken, wie ich meiner Schwester eine Freude machen kann.
Abschnitte des Rosenkranzes sind ein fester Bestandteil meines Tagesablaufs geworden. Bei allen Bitten schließe ich ein:
Herr, dein Wille geschehe. So habe ich Kraft bekommen, Leid
zu tragen und zu ertragen – und kann sogar mit meiner
Schwester zusammen fröhlich sein."

Der Sohn in der Ferne

Walter befindet sich in schwieriger Zeit lieber in einer aktiven
Rolle. „Im letzten Jahr erreichte uns im Urlaub in Portugal die
Nachricht, dass unser erwachsener Sohn in Hamburg schwer
erkrankt auf der Intensivstation läge. Die Ursachen seien un-
geklärt. Es war eine schreckliche Situation, so weit weg von
ihm zu sein. Wir bemühten uns sofort um einen Rückflug,
aber wir mussten noch drei Tage in Portugal verbringen. Wir
wussten, dass der junge Mann zuvor auf einem Campingplatz
in Portugal an einem Hautausschlag erkrankt war und sich
dort in ärztliche Behandlung begeben hatte. Wir nutzten die
Zeit, das Krankenhaus ausfindig zu machen, die Krankenakte
einzusehen und die Daten nach Deutschland an das behan-
delnde Krankenhaus zu übermitteln. Wir versuchten, Material
über eine Schmetterlingslarve zu finden, die Allergien auf diesem Campingplatz ausgelöst hatte. Portugiesische Freunde
wandten sich für uns an das Gesundheitsamt. Von dort gab es
dann Auskünfte über die Schmetterlingslarve, die wir nach
Hamburg ans Tropeninstitut übermittelten. Aus heutiger Sicht
hatte die Larve nichts mit der Krankheit des Sohnes zu tun.
Für mich aber war das Gefühl wichtig, alle Möglichkeiten, die
mir in den drei Wartetagen in Portugal zur Verfügung standen,
ausgenutzt zu haben, *um bei der Klärung der Krankheitsur-
sachen zu helfen.* Ich stehe nicht gern auf einem 10-Meter-
Turm und starre von oben in die Tiefe. Ich springe lieber und
schwimme dann."

Von Ost nach West

Britta, wohnhaft auf dem Darß (damals noch DDR), berichtet von ihrem Besuch im Westen, als ihr Sohn 1988 nach einer Schiffskollision im Brunsbütteler Krankenhaus lag. Sie setzte alles daran, um den Sohn besuchen zu können. Es gab viele Schwierigkeiten zu überwinden: Antrag bei der Polizei, Antrag bei der Abteilung Volksbildung, weil Britta Lehrerin war. Sie musste sich verpflichten, im Besucherzimmer des Krankenhauses zu übernachten, um Westkontakte zu meiden. Aber der Pastor ihres Dorfes arrangierte ein Treffen, ohne dass Britta vorher davon wusste.

„In Brunsbüttel holte mich eine mir unbekannte Familie Sch. vom Bahnhof ab, nahm mich herzlich in ihr Lotsenhaus auf, verpflegte und betreute mich. Von dort aus besuchte ich mehrmals am Tag meinen Sohn, für den sie mir Obst und andere Köstlichkeiten mitgaben. Die 100 DM Begrüßungsgeld vom Rathaus sollte ich für andere Dinge ausgeben, sagten sie.

Nachdem ich unseren Sohn gesehen und erfahren hatte, wie gut er gepflegt wurde, konnte ich beruhigt nach drei Tagen wegfahren (länger durfte ich auch nicht bleiben). Beim Abschied fragte ich Frau Sch.: ‚Warum haben Sie das alles für uns getan?' Darauf antwortete sie: ‚Wenn ich mit meinem Mann unterwegs auf Schiffsreisen bin, wird uns *so viel Herzlichkeit in der ganzen Welt* entgegengebracht, dass ich einfach ein wenig davon weitergeben möchte.'

Zu Hause erzählte ich im engen Freundeskreis von dieser glückhaften Begegnung. Sonst durfte niemand wissen, dass ich mit dem ‚bösen Kapitalismus' privaten Kontakt gepflegt hatte."

Hornhautentzündung

Als kleines Mädchen hatte ich einmal eine schwere Hornhautentzündung an beiden Augen. Sie waren mit Mull verbunden, so dass ich „blind" war. Deshalb konnte ich auch für eine Woche nicht zur Schule. Nachdem es meinen Augen etwas besser ging, saß ich wieder auf meinem Platz und wun-

derte mich, dass mich die Kinder ausgiebig anstarrten oder an-
lächelten. Im Religionsunterricht stand dann ein Mädchen auf
und sagte triumphierend zu der Lehrerin: „Es hat geholfen!"
Die Lehrerin machte „Pscht", und der Unterricht ging weiter.
Nun war ich aber neugierig geworden, und in der Pause verriet
mir meine Nachbarin, dass sie alle *jeden Tag für mich gebetet*
hätten, damit meine Augen bald geheilt würden.

Als es Anja schlechter ging als mir

„Nach dem frühen Tod meines Mannes", schreibt Ilka," ver-
fiel ich jahrelang in Depression. Ich war dauerhaft in ärztlicher
Behandlung und zu nichts fähig. Ich dämmerte dahin. Dann
verunglückte meine Tochter Anja so schwer, dass ihr ein Bein
amputiert werden musste. In diesem Augenblick erwachte ich
aus meiner dunklen Gefangenschaft und fing an, um das Leben der Tochter zu kämpfen. Ich entdeckte eine Kraft in mir,
an die ich nicht mehr geglaubt hatte. Ich war in der Lage, meiner Tochter *positive Energien* für ihr verändertes Leben zu ver-
mitteln. Sie war dann stark genug, ein Studium zu beginnen,
und ich selbst hatte durch die Anstrengung auch Kraft bekommen. Für mich fing ein neuer Weg in die Selbständigkeit
an. Mein auferstandenes Selbstwertgefühl gab mir Mut, in der
Krankenhausseelsorge zu arbeiten, eine DRK-Tagesstätte zu
leiten und als Kursleiterin in der VHS tätig zu sein."

Schreckliche Diagnose: M.B.

Mit ihren kleinen Kindern (ein und drei Jahre alt) war Birte
zum Arzt gegangen, weil sie schon länger ziehende Schmerzen
in den Gelenken quälten. Dort bekam sie dann die Diagnose
„Morbus Bechterew" (chronischer unheilbarer Gelenkrheuma-
tismus). Zunächst fühlte sie sich wie betäubt. Sie ging mit den
Kindern im und auf dem Kinderwagen eine unbestimmt lange
Zeit durch die Straßen, ohne später sagen zu können, wo sie
war und was sie gesehen hatte. Dann endlich stand sie vor

einer Telefonzelle und rief ihren Mann an seiner Arbeitsstelle an. Er kam sofort dorthin, wo sie sich mit den Kindern befand und war sehr liebevoll. Zuerst brachte er die Kinder zu den Großeltern, um dann seine Frau „ins Bett zu bringen", wo sie sich richtig ausweinen konnte. Gegen Abend machten sie schon Pläne, wie sie gegen die Krankheit angehen wollten und was der Reihe nach zu tun wäre. Das ist fast zwanzig Jahre her. Birte zeichnet sich durch große Tapferkeit im Ertragen von Schmerzen aus und absolviert ihre Körperübungen mit bewunderungswerter Disziplin. Sie ist überzeugt davon, dass es ihr viel schlechter ginge, hätte sie nicht eine so *einfühlsame Familie*.

Die kleinen grünen Männchen und die Bank am Waldrand

Mir ging es mit der Diagnose „Darmkrebs" anders als Birte. Ich hatte das Gefühl, ein gordischer Knoten ist durchgeschlagen. Endlich Gewissheit, wenn auch diese schreckliche, nach der langen Zeit des Unwohlseins und der falschen Diagnosen. Jetzt geschah endlich etwas mit mir. Jetzt wurde herausgeschnitten, was faul war. Jetzt wusste ich, wogegen ich zu kämpfen hatte, und fing auch gleich an: Bei leiser Musik (von Kitaro oder Vollenweider) stellte ich mir die Krebszellen wie feuerrote dicke Spinnen vor, die sich unerlaubt an meinem Inneren satt fressen. Abscheulich! Sie mussten vernichtet werden! Dazu rief ich mir *die kleinen grünen (Immun-) Männchen* zu Hilfe. Sie kamen aus dem All, strahlend grün und hochmotiviert. Sie hatten kleine Lanzen bei sich und überrumpelten die gefräßigen Spinnen mit ihrer Wendigkeit. Sie stachen in die feisten Leiber der Spinnen und – pffft – schon schrumpften die auf unbewegliche Stecknadelgröße.

Diesen Kampf erfand ich Abend für Abend, bis es kaum noch Spinnen gab.

Während der Kur hatte ich einen *Lieblingsplatz* für mich entdeckt – auf einer Bank am Waldrand. Von dort konnte ich über eine Naturwiese weit ins Tal gucken. Ich nahm mein *Ta-*

gebuch mit und schrieb und schaute und schrieb und schaute – rundherum glücklich. Diesen Blick rahmte ich mir in Gedanken ein und sehe mir das Bild jetzt immer an, wenn ich in Sorge bin.

Das Bild im Krankenzimmer

Oft geht es den Kranken besser als den Angehörigen. Als meine Bettnachbarin und ich uns von den ersten schlimmen Tagen nach unseren Krebsoperationen einigermaßen erholt hatten, überraschten wir unsere Familien und das Pflegepersonal mit unerwarteten Ausbrüchen von *Heiterkeit*. Die waren ausgelöst durch ein ebenso harmloses wie nichtssagendes „Kunstwerk" im Krankenzimmer. Es sollte wohl naive Malerei sein, aber eigentlich war es nur störend. Wir hätten viel lieber eine Naturfotografie dorthin gehängt. So aber, machtlos wie wir waren, fingen wir an, das Bild in Gedanken und mit Worten „umzumalen": Statt der tristen Tapete in dem dargestellten Zimmer malten wir Fenster mit farbigen Vorhängen. Die tatenlos am Tisch lehnende Frau ließen wir Kartoffeln schälen, die Katze bekam ein rotes Wollknäuel . . . Dann gewöhnten wir uns an, alle Besucher um Veränderungsvorschläge für das langweilige Bild zu bitten. Es wurde so farbig und lebendig, dass wir uns vornahmen, es nach der Entlassung echt neu zu malen, aber dazu hatten wir dann doch keine Kraft . . . – Sie kennen doch sicher den Spruch: Die Bäume, die wir im Krankenbett ausreißen können, stehen zu Hause bereit, damit wir uns an ihnen festhalten können.

Schuppenflechte

Nach dem Tod ihrer kleinen Schwester bekam Susanne, unsere Älteste, Schuppenflechte (Psoriasis), und mit der Diagnose teilte uns der Arzt drei Adjektive mit: chronisch, unheilbar, erblich. Unsere kleine Familie, noch tief im Trauerjahr gefangen, fing an, sich hauptsächlich, ja fast ausschließlich mit dieser Hautkrankheit zu befassen. Wir waren wie besessen von dem Wunsch, sie zu besiegen. Susanne wurde beschmiert und gewaschen, eingesalbt und „gekämmt", eingeölt und zum „Besprechen" gebracht. Wir aßen nur noch vegetarisch, verabreichten ihr winzige homöopathische Pillchen, traktierten sie täglich mit Spritzen vom Heilpraktiker ... Susannes Haut war *das* Thema überhaupt und besonders, wenn Besuch da war. Die Fünfjährige machte alles geduldig mit, regte sich auch nicht – im Gegensatz zu mir – darüber auf, wenn Leute fragten: „Iii, wie siehst du denn aus?" Aber als ich eines Sonntags nach stundenlangem Haarewaschen (und das Haar sah trotzdem ungepflegt und fettig aus) auf dem Badewannenrand saß und weinte, streichelte sie mir den Arm und sagte: „Och Mama, *lass es uns doch einfach wegdenken!"*

Spritzenabszesse

Nachdem ich die Krebsoperation schnell und ohne Komplikationen überstanden hatte, wurden mir bei der darauffolgenden Kur zwei gewaltige Spritzenabszesse beigebracht. Meine Verzweiflung, meine Klasse in der Schule wieder verlassen zu müssen und wieder in demselben Krankenhaus zu liegen, das ich vor wenigen Wochen („für immer") verlassen hatte, war kaum zu beschreiben. Ich haderte mit meinem Schicksal und war so deprimiert, dass mich auch mein eigener Wahlspruch *„Mir dienen alle Dinge zum Besten"* nicht trösten konnte. Daniel versuchte mich aufzumuntern, aber seine Fürsorge prallte an mir ab. Bis er eines Tages sagte: „Unser Arzt meint, etwas Besseres hätte dir jetzt nicht passieren können!" Ich war empört und sprachlos. „Ja, dein Krebs beruhte doch auf Immunschwäche und durch diese Megawunden muss dein Körper nun mächtig *Immunabwehr* aufbauen. Wetten, das gelingt ihm auch!"

**Anregungen für Kranke und Pflegende,
die möglichst viel Gesundheit retten wollen:**

- *Für die Heilung anderer beten, gute Gedanken und Wünsche zu der Person schicken und sie in Wohlwollen einhüllen.*
- *Mit Humor die komische Seite in (fast) allen Erlebnissen zu sehen versuchen und dadurch auch Unangenehmes besser verarbeiten zu lernen.*
- *Auf unsere Kräfte vertrauen, wenn unsere Kinder oder Freunde uns brauchen.*
- *Gastfreundschaft annehmen oder geben.*
- *Wenn wir anderen helfen können, helfen wir uns selbst auch. Es gibt Untersuchungsergebnisse aus den USA, die beweisen, dass es Menschen, die anderen über längere Zeit helfen, psychisch und physisch auf Dauer signifikant besser geht als solchen, die nur für und mit sich selbst leben.*
- *Sich Klarheit über die Natur der Krankheit (und sei es eine bedrohliche) verschaffen, statt in ängstlicher Ungewissheit zu verharren.*
- *Durch Fantasiereisen und Imagination die Abwehr stärken.*
- *Unsere Selbstheilungskräfte durch Bewegung nach Maß, Vollwerternährung und geeignete Hilfe aus dem Bereich der Naturheilverfahren stabilisieren. Aber auch die Schulmedizin in Anspruch nehmen, wenn es nötig ist.*
- *Tagebuch schreiben, um den Geist zu klären.*
- *Trotz Phasen von Niedergeschlagenheit, die zu allen Krankheiten gehören, versuchen, positiv zu denken und möglichst wenig zu jammern.*
- *Krankheit auch als Chance begreifen, etwas an unserem Leben zu verändern. Manchmal verschafft sie uns die nötige Ruhe, die wir uns lange nicht gegönnt haben, um über uns nachzudenken.*
- *Zuspruch und Halt in Selbsthilfegruppen finden.*

16.
Wenn ich mich schuldig gemacht habe

Der Papst hat gerade ein großes *Mea Culpa* gesprochen für Folter, Inquisition und Kriege im Namen der katholischen Kirche. Unsere persönliche und private Schuld hat sicher nicht diese Dimensionen, und wir verdrängen sie gern und finden Ausreden. Und doch ist es wichtig für unser seelisches Wohlbefinden, nicht nur Fehler einzugestehen, sondern auch Schuld anzuerkennen. Wie gut für uns, wenn wir sie an den Betroffenen selbst wieder gutmachen können!

Emine und die Zigaretten

Emine, eine 17-jährige Türkin, fühlt sich besonders schlecht, wenn sie ihre Eltern enttäuscht hat. Sie verhält sich am liebsten so, wie die Eltern es möchten. Mit den Schulnoten klappt das nicht immer. Dann hat die Mutter, zu der Emine ein besonders enges Verhältnis hat, auch Verständnis, solange Emine sich anstrengt und lernt. Schwieriger ist es bei bestimmten Verhaltensweisen, die ihre Eltern missbilligen, die aber im deutschen Freundeskreis durchaus normal sind, z. B. Diskobesuch und spätes Nachhausekommen. Emine hat sich arrangiert, hat Kompromisse ausgehandelt zwischen den Anforderungen der unterschiedlichen Kulturen. „Ich will meine Eltern nicht kränken und meine Freunde nicht verlieren", sagt sie. Dann aber fing sie an zu rauchen, „weil es ‚alle' machten", und bekam großen Ärger mit ihrem Vater. Der lehnt Rauchen generell ab, weil es der Gesundheit schadet, und für junge Frauen ganz besonders. Emine sieht das ein. Sie verspricht ihm immer wieder, aufzuhören, raucht dann aber heimlich. Das riecht der Vater und redet von Stund' an nicht mehr mit ihr – wegen des *ge-*

brochenen Versprechens. Nun steht Emine vor dem Dilemma: Das Vertrauen des Vaters wiedergewinnen und dafür die Freunde verlieren? Sie entscheidet sich für den Vater (er wird erst wieder mit ihr reden, wenn sie ein Vierteljahr „rauchfrei" ist) und macht nicht nur zu Hause, sondern auch in der Schule eine einsame Zeit durch. Alle ihre Freundinnen und Freunde stehen in den Pausen in der Raucherecke. Sie sitzt plötzlich vereinsamt zwischen den Jüngeren, den Nichtrauchern, die sie kaum kennt. Nach einer Phase inneren Rückzugs (sie hockte da und las) hat sie sich jetzt mit einigen der Jüngeren angefreundet und erlebt, dass auch Raucher-Freundinnen wieder ihre Nähe suchen und dafür auf das Rauchen in der Pause verzichten. Lachend kommentiert Emine: „Da tu ich vielleicht noch ein gutes Werk, wenn ich die auch vom Rauchen abbringe. Mein Vater wird sich freuen."

Michael und die Neurodermitis

Als ganz junge Lehrerin bekam ich eines Tages einen Jungen in die Klasse, der für damalige Verhältnisse extrem unruhig war. Ich wusste gar nicht, wie ich mit ihm umgehen sollte. Michael war nicht frech, aber rutschte ständig auf dem Stuhl herum, kippelte damit, hielt die Hände keine Minute ruhig, ließ dauernd Gegenstände auf den Boden fallen – und kratzte sich unaufhörlich am Kopf und an den Armen. Heute wüsste ich sofort, dass er Neurodermitis hat, aber damals fiel mir in meiner Hilflosigkeit nichts Besseres ein, als ihn zu ermahnen und zu bestrafen und vor der ganzen Klasse bloßzustellen. Seine Mutter kam, um mir von seiner (zu der Zeit noch kaum bekannten) Krankheit zu berichten. An der Stelle beginnt meine Schuld. Ich hörte kaum zu, dachte, dass es an der Erziehung läge, fühlte mich angegriffen – und änderte mein strenges Verhalten gegenüber Michael kein bisschen. Auch als seine Großmutter später kam und um Nachsicht mit ihrem Enkel bat, blieb ich hart und uneinsichtig. Wie ich mich dafür im Nachhinein schäme! Sie schulten Michael dann um (was ich aus heutiger Sicht auch getan hätte). Hoffentlich hat er in der neuen Klasse einen verständnisvolleren Lehrer bekommen.

Das ist jetzt mehr als vierzig Jahre her, aber die Schuld belastet mich immer noch. Ich habe Michael nie wieder gesehen. Sollte er je dieses Buch in die Hand bekommen, so bitte ich ihn hiermit *herzlich um Verzeihung*.

Das Getränk

Als ich etwa 15 Jahre alt war, habe ich mich ganz scheußlich zu meiner Oma benommen. Sie war zu dem Zeitpunkt krank und konnte aus ihrem Sessel nicht aufstehen. Meine Mutter ging zum Einkaufen und trug mir auf, mich um Oma zu kümmern. Das hat mich geärgert, weil ich nach draußen zu Freunden wollte. Notgedrungen setzte ich mich mit Schularbeiten an den Tisch – mit dem Rücken zu Omas Sessel. Dann bekam ich Durst und holte mir Saft. Oma schaute das Glas ganz sehnsüchtig an, und ich wusste, dass sie auch Durst hatte. Aber ich brachte es doch tatsächlich fertig, ihr nichts abzugeben! Eine Schande! Obwohl ich sofort ein schlechtes Gewissen hatte, habe ich nichts wieder gutgemacht und mich auch später nicht entschuldigt bei ihr.

Wie geht es weiter?

Meine Mutter wurde von uns als Notfall ins Krankenhaus gebracht. Es dauerte geraume Zeit, bis sie behandelt wurde und dann in ein Bett kam. Während der ganzen Zeit, in der sie auf der Liege vor sich hin litt, saß ich wie betäubt daneben und dachte nur immer: Was wird jetzt? Wie geht es weiter? Wann wird sie operiert? Was mache ich mit ihr, wenn sie aus dem Krankenhaus kommt? Ich kam vor lauter *Sorge um das Morgen* nicht darauf, ihr die Hand zu halten, sie zu streicheln und zu trösten. Das ist eigentlich unverzeihlich. Aber ich erhielt glücklicherweise noch Gelegenheit, vor ihrem Tod mit ihr zu reden und sie liebevoll zu berühren. Inzwischen habe ich auch so gut von ihr geträumt, dass ich meine, sie hat mir vergeben.

Freitod

Meine Freundin Hilde besuchte mich überraschend und redete zu mir in Rätseln. Ich merkte zwar, dass sie etwas bedrückte, aber ich fragte nicht nach, sondern versuchte, sie abzulenken mit allen möglichen Neuigkeiten. Sie verabschiedete sich bald. Kurz darauf nahm sie sich das Leben. Ich weiß, dass sie in Not war, als sie zu mir kam, aber ich war *zu träge*, um mich auf ihr Leid einzulassen. Ich mache mir Vorwürfe deshalb und frage mich immer wieder, ob ich ihren Freitod durch mehr Geduld und Empathie meinerseits hätte verhindern können.

Ich habe mich auch schuldig gemacht in den Situationen, in denen ich mehr Zivilcourage hätte zeigen müssen: Auf der Straße, als eine Horde von Jugendlichen einen Einzelnen drangsalierte – da hatte ich Angst. In der S-Bahn, als ein alter betrunkener Mann herumräsonierte über „Hitler, der der Größte war" – da hat es mich geekelt, und ich bin schnell ausgestiegen. Gründe gab es immer, warum ich nicht eingriff, mich nicht „outete".

Aber wir sind nicht nur verantwortlich für das, was wir tun, sondern auch für das, was wir nicht tun.

**Anregungen für Schuldbeladene,
die lernen wollen, mit ihrer Schuld zurechtzukommen:**

● *Die Schuld eingestehen, annehmen, mit ihr weiterleben.*

● *Sie versuchen abzutragen, den Schaden wieder gut zu
machen.*

● *Nicht die gleichen Fehler an anderen Menschen wieder-
holen, sondern ganz besonders achtsam mit solchen
„Fällen" umgehen.*

● *Um Vergebung bitten*

● *Uns selbst versuchen zu verzeihen.*

17.
Wenn ich mit Schrecklichem konfrontiert werde

Mit dieser Überschrift meine ich vor allem Ereignisse (und die Darstellungen dieser Ereignisse), die nicht nur unser privates Schicksal betreffen, sondern ganze Völker oder Volksgruppen ins Elend stürzen: Krieg, Vertreibung, Flucht und Ermordung (Holocaust). Naturkatastrophen gehören auch dazu.

Die Ausstellung

Eine Studentin berichtet. „Ich war in der Ausstellung ‚Unerwünscht – eine Reise wie keine andere, in der es darum ging, Flüchtlingsschicksale nachzuempfinden. Die Ausstellung war beeindruckend und erschreckend. Ich fühlte mich schrecklich hinterher. Außerdem war mein Freund, mit dem ich zusammen wohne, für mehrere Tage weg. Und als ich nach Hause kam, war es dunkel, kalt und regnerisch. Ich habe mir erst einmal schwungvolle und fröhliche Musik angemacht, um die düstere Stimmung zu vertreiben, dazu Tee und etwas zu essen. Bei der *Musik* ist mir in solcher Situation wichtig, dass sie wirklich fröhlich ist und ich laut mitsingen und dazu herumhüpfen kann. Es sollte keiner zusehen.

Zum *Reden* war mir erst ein paar Stunden später zumute, dann habe ich telefoniert (Freunde zu treffen ging leider nicht) und von der Ausstellung erzählt."

Als wir „Alten" mit einigen Jungen 1999 in der Wehrmachts-Ausstellung waren, hat es den jungen Menschen sehr geholfen, dass sie uns Ältere fragen konnten und wir (Männer wie Frauen) ihnen von den eigenen Erlebnissen im Krieg berichten konnten. Sie wollten sich nicht ablenken, um schnell das

Gesehene vergessen zu können. Sie wollten zuhören und *der Sache auf den Grund gehen.*

Nach dem Besuch in Bergen-Belsen

Das erste Mal war ich 1951 in dem ehemaligen Konzentrationslager im Alter von 16 Jahren – und weil ich „nichts Richtiges" sah, konnte ich mir auch nichts vorstellen. Um mich herum ältere Menschen. Die Frauen schwiegen, und die Männer fingen sofort eine Art „Aufrechnung" an: Dass „der Russe" auch soundsoviele Tote auf dem Gewissen hätte . . . dass das alles noch nicht bewiesen wäre. . . Ich war froh, als wir wieder „draußen" waren.

1956 sah ich als Studentin mit anderen Kommilitonen im großen Hörsaal den Film: „Bei Nacht und Nebel", eine Dokumentation der Vernichtung von jüdischen Menschen im dritten Reich. Wie erschlagen blieben wir auf unseren Plätzen sitzen. Einige weinten hemmungslos. Niemand verlangte – wie sonst immer – nach einer Diskussion. Schweigend verließen wir den Raum und vereinzelten uns sofort. Ich dachte unentwegt, dass ich mein ganzes Leben ändern müsste. Ich wollte irgendetwas „Großes" vollbringen, um ein bisschen von der deutschen Schuld abzutragen. Tagelang war ich nicht in der Lage, über etwas Alltägliches zu reden – wie Busfahren oder Referate vorbereiten. Am liebsten wäre ich für immer in ein Kibbuz nach Israel gegangen, um dort zu arbeiten.

Als ich meinem Soziologie-Professor von diesen Plänen vorstammelte, sagte er lakonisch: „Fangen Sie erst einmal hier an, wo Sie hingehören. Wir brauchen Leute, die mit detaillierten Kenntnissen die Vergangenheit lebendig halten."

Schweigemarsch durch Celle

Zwischen 1958 und 1963 waren mein Mann und ich aktiv in der überparteilich politischen Bewegung tätig, die sich „Kampf dem Atomtod" nannte. Sie war ein Vorläufer und Wegbereiter der späteren Friedensbewegung und richtete sich gegen Atomwaffen jeglicher Art in Ost und West. Wir waren durch Hiroshima aufgeschreckt und arbeiteten mit unserem verehrten Prof. Dr. Gustav Heckmann (Philosophie und Pädagogik) sowie mit einer Reihe von Physikern in Hannover über die Gefahren der Atombomben und der Atombombenversuche. In Veranstaltungen und an Info-Ständen wollten wir durch Aufklärung mit dazu beitragen, dass unsere Nachkommen ohne Strahlenschädigung aufwachsen könnten. Während der Adenauer-Regierung und in Zeiten des Kalten Krieges war es jedoch außerordentlich schwierig für die Gruppe, in den Medien ein Echo zu finden. Zumeist wurden unsere Aktionen totgeschwiegen oder – was viel schädigender war – wir erhielten Beistand von der „falschen" Seite, von den kommunistischen Organen.

Ostern 1959 verabredeten wir mit Gruppen aus Hamburg und Bremen einen Sternmarsch nach Bergen-Hohne zur Raketen-Abschussrampe der Amerikaner. Wir waren nur ein kleines Häufchen von Idealisten, das von Hannover aus 77 km zu Fuß lief bei Regen und Kälte durch menschenleere Ortschaften. Wir hatten Plakate umgehängt und gingen verabredungsgemäß schweigend durch Celle. Während die meisten Passanten eilig ihren Ostereinkäufen nachgingen, standen einige alte Männer am Straßenrand und beschimpften uns. „Geht doch nach drüben!", war der harmloseste Spruch. Es folgten Ausdrücke wie „Gesindel, Spinner, Idioten", aber das Schlimmste war ein Satz, der im Umkreis sogar Beifall erhielt: „Euch hat man wohl vergessen zu vergasen!" Dieser Satz zusammen mit den hasserfüllten Gesichtern der Umstehenden bewirkte in mir zunächst Lähmung, dann Aggression, die aber bald einer tiefen Verzweiflung und ohnmächtigen Hoffnungslosigkeit wich. Ich war eine junge gutwillige Lehrerin, die ihre Osterfeiertage dazu nutzten wollte, ihre Mitmenschen auf eine große Gefahr aufmerksam zu machen – mehr nicht. Und sie behandelten mich wie eine Verbrecherin! So verkannt hatte ich mich noch nie gefühlt. Am liebsten wäre ich zu jedem einzelnen Geiferer gegangen und hätte gesagt: „Ich bin es doch, Eva Simon aus Hannover. Was habt ihr gegen mich?" Später in der

Jugendherberge sprachen wir in der Gruppe über diesen Vorfall, und da wurde mir erst bewusst, wieviel schwerwiegender als alle persönliche Kränkung der Satz über das Vergasen war. Vierzehn Jahre nach Kriegsende!

**Anregungen für Menschen,
die lernen wollen, mit Schrecklichem umzugehen:**

- *Nicht wegschauen, sondern der Sache auf den Grund gehen und sich mit Freunden austauschen.*

- *Trost in der Gruppe und beim gemeinsamen Anliegen finden.*

- *Die Entschlossenheit stärken, weiterzumachen – auch gegen Widrigkeiten.*

- *Sicherheit gewinnen durch Lernen, Wissen ansammeln, Informationen austauschen.*

- *Den Rat von erfahrenen Erwachsenen annehmen und darauf vertrauen, dass der rechte Mensch zur rechten Zeit vor uns steht.*

- *In Hilfsorganisationen vor Ort arbeiten und Geld spenden, um das Schreckliche ein wenig zu mildern.*

- *Die jungen Menschen unterstützen, die ihren Urlaub „opfern", um ölverdreckte Strände zu reinigen, um Flutopfern zu helfen, um Lebensmittel in entlegene Gebiete von Afrika zu transportieren. Sie nehmen oft große Entbehrungen auf sich, infizieren sich wohlmöglich mit tropischen Krankheiten und sind doch unermüdlich im Einsatz, um den bedrängten Menschen zu helfen.
Das sind die wahren Helden unserer Zeit.*

18.
Wenn ich großes Leid erfahre

Großes Leid ist lebenserschütternd. Es kann dich umbringen oder dein Leben verändern. Es wirft dich aus dem Gleichgewicht für immer oder für einen längeren Zeitraum. Die Menschen unterscheiden sich nach ihrer Erfahrung und ihrem Umgang mit Leid oder ihrer Achtung davor.

Haben Sie schon den Ausnahmezustand erlebt, wenn großes Leid über Sie gekommen ist? Sind Sie auch zunächst wie betäubt gewesen, als nähmen Sie alles nur durch einen Schleier wahr? Haben Sie den Schutz gefühlt, den uns die Natur in Form von erhöhter Sensibilität für das Wesentliche und gleichzeitiger Immunität gegen Unwesentliches schenkt?

Ausgebombt

Das erste tiefe Leid habe ich als achtjähriges Kind erfahren, als unsere Wohnung im Mietshaus ausgebombt wurde. Ich trauerte nicht um die materiellen Werte, sondern um mein Pummelchen, eine Babypuppe, die ich für lebendig hielt. Zu der Zeit der heftigen Bombenangriffe auf Hannover (wir wohnten neben der *Hanomag*) hatten meine Eltern mich wochentags zu Bekannten an den Stadtrand evakuiert. Dort besuchte ich auch die Schule. Jeden Sonntagabend fuhr ich allein mit der Straßenbahn in einer halben Stunde zu den Bekannten zurück. Immer hatte ich mein Pummelchen bei mir, nur an dem einen Sonntag im Oktober nicht. Und am Montag wurde das Haus zerstört! Ich weinte und weinte um mein Puppenkind, bis meine „Tante" mich barsch zurechtwies. Ich solle doch daran denken, was meine Eltern alles verloren hätten und nicht so ein

Theater machen. Solch ein Püppchen könne man doch ersetzen. Sie hatte keine Ahnung. Meine Mutter war klug genug, mir kein neues Pummelchen zu kaufen, zumal das ohnehin schwierig gewesen wäre. Als ich Wochen später die Schuttstelle sah, hingen noch Reste meiner geliebten Kinderzimmertapete an der Wand zum Nachbarhaus. Ich erkannte die Stelle: Davor hatte der Puppenwagen mit Pummelchen gestanden. Mich quälte die Vorstellung, ob es gelitten hatte, und ich fühlte mich schuldig, weil ich vergessen hatte, es mitzunehmen.

Zu diesem Erlebnis und der Verarbeitung passt nur der Trost: Die Zeit heilt viele Wunden.

Haus abgebrannt

Er kam doch tatsächlich an dem Montag in die Schule, unser Kollege Karl, obwohl am Samstag sein Haus total abgebrannt war. Im schwarzen Anzug seines Nachbarn, dicker und kleiner als Karl, machte er Unterricht – ohne seine Vorbereitungen, ohne Unterrichtsmaterialien, ohne alles. Bewundernswert!

Am Samstagabend hatte er mit seiner Frau gemütlich am Kamin gesessen, sie hatten viel Wein getrunken, waren beschwipst ins Bett gegangen und wachten erst auf, als das Feuer schon die Treppe hochloderte. Nur durch einen Sprung aus dem Fenster konnten sie sich retten – im Nachtzeug. Als die Feuerwehr kam, standen eh nur noch die Mauern. Die Nachbarn entpuppten sich als wahre Freunde. Sie stellten sofort und auf unbestimmte Zeit einen Raum, Kleidung und das Nötigste zur Verfügung und betreuten und verpflegten die geschockten Brandopfer liebevoll. Wir lobten Karl immer wieder wegen seiner Dienstauffassung, bis er sagte: „Nun hört schon auf! Was soll ich denn sonst machen? *Arbeit ist das Einzige, was hilft, noch dazu, wenn man sie gern macht.* Das Haus kann ich eh' erst wieder aufbauen, wenn alle Formalien geregelt sind." Und dann fügte er leise hinzu: „Einer muss den Kopf oben behalten." Da erst erfuhren wir, dass seine Frau in eine psychiatrische Klinik eingewiesen worden war.

Obdachlos

Erich hatte zusammen mit seinem besten Freund Oskar vor Jahren eine Firma für Gebäudereinigung gegründet. Am Anfang hatten sie selbst noch die Fenster an den Hochhausfassaden geputzt. Nach und nach konnten sie sich Angestellte leisten, und im fünften Jahr ging es ihnen richtig gut. Sie hatten sogar etwas zurückgelegt, um die Bankschulden schneller abzahlen zu können. „Aber als ich zur Bank kam, war alles Geld weg – und mein Kumpel auch. Auf Nimmerwiedersehn!" Der Partner hatte auch noch neue Schulden gemacht, die Erich nun wegen eines Gemeinschaftsvertrages für ihn abzahlen musste. „Das habe ich nicht geschafft, obwohl ich Tag und Nacht gearbeitet habe. Davon ist auch unsere Ehe kaputtgegangen. Dann wurde unser Haus gepfändet, und ich landete auf der Straße. Ob ich leide? Nee, Platte machen ist eine Erfahrung mehr. Da will ich wieder von los kommen. Aber dass der mich so ausgenommen hat, der Betrüger, und ich hab' dem total vertraut, das tut weh."

Trennung

Am Morgen nach ihrer Silberhochzeit wachte Magda auf und räkelte sich zufrieden in dem Bewusstsein, wie schön die Feier gewesen war – mit über vierzig Freunden, viel Gelächter und ausgiebigem Tanz. Heiner schien noch zu schlafen (sie hatten getrennte Schlafzimmer). Magda duschte sich in Ruhe und Genüsslichkeit und ging dann in die Küche, um ein üppiges Frühstück vorzubereiten. Da sah sie den Zettel auf dem Tisch. „Liebe Magda, so habe ich es schon seit Jahren geplant: Am Tag nach der Silberhochzeit will ich dich verlassen. 25 Jahre sind für eine Ehe genug. Bitte, forsche nicht hinter mir her. Du wirst materiell keinen Schaden erleiden. Ich habe alles geregelt. Danke für die schöne Zeit mit dir! Heiner."

Magda drehte durch. Sie schrie und schrie. Ihre drei erwachsenen und vernünftigen Kinder nahmen sie auf und kümmerten sich rührend um die Mutter, bis sie nach Monaten so weit stabilisiert war, dass sie ein eigenständiges Leben führen konnte. Aber es dauerte Jahre, bis Magda wieder gern lebte. „Wenn er damals gestorben wäre, hätte ich es leichter gehabt und nicht so unendlich unter der Situation gelitten, dass er womöglich hier irgendwo in meiner Nähe mit einer jüngeren Frau lebt."

Tod des Kindes

Der betrunkene Kutscher eines Langholzwagens, von Pferden gezogen, hat unser Kind überfahren. Es war knapp vier Jahre alt. Das ist das größte Leid, das uns bisher widerfahren ist. Es hat uns verstört. Unsere Trauer kann nicht enden. Und doch haben wir weitergelebt für unsere „Große", die Fünfjährige, und für uns selbst. Wir drei fanden Halt aneinander. Wir erfuhren echte Anteilnahme von unseren Freunden. Wir verlebten Stunden bei einem alten Ehepaar, das vierzig Jahre vorher ein Kind durch eine „harmlose" Krankheit verloren hatte. Sie sprachen so ruhig davon. Sie waren so gefasst und gelassen, dass sie Modelle für uns wurden. Sie verkörperten die Hoffnung, dass auch solches Leid zu ertragen und zu überwinden möglich ist.

Wir erlebten auch unsere Arbeit als Trost, die tägliche Arbeit, die wir gewohnt waren und die wir gern hatten. Die einfachen Handreichungen fielen unendlich schwer, aber sie retteten uns vor der alles verschlingenden Depression. Die „Normalität" der anderen Menschen, so sie denn nicht zu laut und brutal war, rückte allmählich unsere Welt wieder zurecht, auch wenn sie nie mehr so geworden ist, wie sie vor dem Tod des kleinen Mädchens für uns war.

Uns wurde das Glück zuteil, ein drittes Kind zu bekommen. Ohne es je als „Ersatz" anzusehen, war es für uns der Weg zu neuer Freude und neuer Anstrengung. Wir sind dafür dankbar.

Seit dem Tod unseres Kindes ist der Tod immer bei mir. Er begrüßt mich am Morgen und begleitet mich in meine Träume. Er hat sich im Laufe der Jahre verwandelt von einem Freitod in einen natürlichen. Die Selbstmordgedanken wurden abgelöst von einem friedlichen Sterbe-Wunschbild. Ich habe trotzdem noch Angst vor dem Sterben, aber nicht mehr vor dem Tod.

**Anregungen für Menschen,
die ihre Leiderfahrung verwandeln wollen:**

- *Das Leid nicht zu überlisten versuchen durch Betäubung mit Medikamenten oder Alkohol, es nicht verdrängen.*

- *Die Tatsachen erkennen, das Leid annehmen. Dann können wir an und in der Trauer arbeiten. Wir können daran wachsen und weiser werden.*

- *Sich auf notwendige Arbeit konzentrieren.*

- *Resignation und Verbitterung mit Hilfe von Mitmenschen in Hoffnung und Zuversicht umwandeln.*

- *Mitarbeiten in Initiativen (Beispiele: Obdachlosenzeitungen und Spendenparlamente)*

- *Hilfe erbitten und annehmen.*

- *Die Erkenntnis gewinnen: So ist das Leben. Alles gehört dazu, auch die Schattenseiten.*

- *Professionelle psychologische Hilfe in Anspruch nehmen.
  In jeder Stadt gibt es eine Reihe von Einrichtungen mit ausreichenden Hilfsangeboten, z.B. Verein „Opfer gegen Gewalt" für Eltern, deren Kinder durch Gewalt umgekommen sind, und einen anderen für „Verwaiste Eltern".*

19.
Wenn der Sinn des Lebens sich verflüchtigt hat

Auf einmal wissen wir nicht mehr, wozu wir eigentlich leben, wozu das alles gut sein soll. Hineingeworfen in diese Welt, ohne vorher gefragt worden zu sein, hatten wir uns im Laufe der Jahre daran gewöhnt, das zu glauben, was unsere Eltern, unsere Lehrer, die Kirche, der Staat uns anboten oder vorlebten. Aber nun reicht das nicht mehr oder ist ganz flach geworden: Der Glaube an den Sinn des eigenen Lebens ist abhanden gekommen. Eine Weile wursteln wir noch so weiter wie bisher, verdrängen alles und verlustieren uns. Dann ist die Krise da.

Was können wir tun? Was sollten wir sein lassen?

Die Kirchenväter (und -mütter) und der Bordeauxwein

Thomas von Aquin gibt sechs Ratschläge:
1. Wenn man einen großen und schmerzlichen Verlust erlitten hat, sollte man erst einmal ausgiebig schlafen.
   Den Seinen gibt's der Herr im Schlafe.
2. Wer in einer religiösen Krise steckt, der gehe baden und in die Sauna. Dadurch werden Angstzustände aus der Seele getrieben.
3. Wer in einer Lebenskrise gefangen ist, sollte gut essen und ausgesuchte Weine trinken, vorzugsweise roten Bordeaux.
4. Gegen depressive Zustände helfen Tränen und Seufzer.
5. Dann die Freunde besuchen, ihnen die Sorgen klagen und gemeinsam mit ihnen weinen und ihr Mitleid genießen.
6. Keine Promiskuität! Keine sexuellen Strapazen! Kümmern wir uns nur um eine Frau oder einen Mann.

Der heilige Johannes vom Kreuz gibt den Rat:

7. Wenn wir den Glauben verloren haben, dann hüten wir uns davor, die eine Religion gleich mit einer anderen zu ersetzen oder in Trivialität zu versinken. Der Verlust der religiösen Überzeugung ist etwas Notwendiges, um fähig zur Begegnung mit dem lebendigen Gott zu werden.

Simon Weil mahnt:

8. Jeden Glauben abweisen, der nur die Leerstellen füllen soll. Keine Tröstung durch Fast Food für die Seele!

Theresia von Avila ergänzt:

9. Tu deinem Leib des Öfteren etwas Gutes, damit deine Seele Lust hat, darin zu wohnen. („Wenn Truthahn, dann Truthahn! Wenn fasten, dann fasten!")

Meister Eckehart ermuntert . . .

10. . . . zur Gelassenheit der Seele in Glaubenslosigkeit.

In der Alten St. Paul's Kirche in Baltimore habe ich folgende Zeilen aus dem Jahre 1692 gelesen, die jemand gekonnt ins Deutsche übersetzt hat:

Gehe ruhig und gelassen durch Lärm und Hast und sei des Friedens eingedenk, den die Stille bergen kann.

Stehe – soweit ohne Selbstaufgabe möglich – in freundlicher Beziehung zu allen Menschen.

Äußere deine Wahrheit ruhig und klar und höre anderen zu, auch den Geistlosen und Unwissenden; auch sie haben ihre Geschichte.

Meide laute und aggressive Menschen, sie sind eine Qual für den Geist.

Wenn du dich mit anderen vergleichst, könntest du bitter werden und dir nichtig vorkommen; denn immer wird es jemanden geben, größer oder geringer als du.

Freue dich deiner eigenen Leistungen wie auch deiner Pläne.

Bleibe weiter an deiner eigenen Laufbahn interessiert, wie bescheiden auch immer.

Sie ist ein echter Besitz im wechselnden Glück der Zeiten.

In deinen geschäftlichen Angelegenheiten lass Vorsicht walten; denn die Welt ist voller Betrug.

Aber dies soll dich nicht blind machen gegen gleichermaßen vorhandene Rechtschaffenheit.

Viele Menschen ringen um hohe Ideale; und überall ist das Leben voller Heldentum.

Sei du selbst, vor allen Dingen heuchle keine Zuneigung.

Noch sei zynisch was die Liebe betrifft; denn auch im Angesicht aller Dürre & Enttäuschung ist sie doch immer während wie das Gras.

Ertrage freundlich-gelassen den Ratschluss der Jahre, gib die Dinge der Jugend mit Grazie auf.

Stärke die Kraft des Geistes, damit sie dich in plötzlich hereinbrechendem Unglück schütze.

Aber beunruhige dich nicht mit Einbildungen.

Viele Befürchtungen sind Folge von Erschöpfung und Einsamkeit.

Bei einem heilsamen Maß an Selbstdisziplin sei gut zu dir selbst.

Du bist ein Kind des Universums, nicht weniger als die Bäume & Sterne; du hast ein Recht hier zu sein.

Und ob es dir nun bewusst ist oder nicht: Zweifellos entfaltet sich das Universum wie vorgesehen.

Darum lebe in Frieden mit Gott, was für eine Vorstellung du auch von ihm hast und was immer dein Mühen und Sehnen ist.

In der lärmenden Wirrnis des Lebens erhalte dir den Frieden mit deiner Seele.

Trotz all ihrem Schein, der Plackerei & den zerbrochenen Träumen ist diese Welt doch wunderschön.

Sei vorsichtig. Strebe danach, glücklich zu sein.

Warum habe ich im Jahre 2000 dieses Buch geschrieben? Vor über dreihundert Jahren ist doch schon alles Notwendige zu unserem Thema gesagt worden.

Die Zeitgenossen auf der Suche nach Glück

Meditation
Jeder Mensch meditiert.
Sollte er nicht mehr meditieren,
so ist er ausgelaugt, vergreist, tot,
selbst wenn seine ganze Biologie noch funktioniert.
Meditation macht erst den Menschen zum Menschen.

Was treibt ihn dazu, zu meditieren?

Es gibt ein Problem,
ein einziges Problem auf der ganzen Welt:
den Menschen eine geistige Sinndeutung
ihres Daseins,
eine Art geistiger Unruhe und Sehnsucht wiederzugeben.

Man kann nicht auf die Dauer
von Kühlschränken, Politik, Finanzen
und Kreuzworträtseln leben –
man kann es einfach nicht.

Antoine de Saint-Exupèry

Am Brandenburger Tor in Berlin gibt es in der ehemaligen Tor-
wache einen „Raum der Stille". Er scheint mir ein Symbol für
ein sinnvolles Leben zu sein: Innen Ruhe, Stille, Besinnung als
Einzelne – außen Bewegung, Geräusche, Flexibilität als Mit-
bürger. Das eine ist ohne das andere in Gefahr. Kein Rückzug
ohne Verantwortung – keine Verantwortung ohne Rückbesin-
nung! Auf das Gleichgewicht kommt es an.

„Der Sinn des Lebens ist das Leben", sagt Gottfried Benn. Dieser Satz hat den wütenden Protest von uns Abiturientinnen
hervorgerufen und wird uns zunehmend vertrauter, je älter wir
werden. Die Lebenszeit wird kürzer und kostbarer. Ich lerne,
noch mehr auf meine Intuition zu hören und „den Tag zu pflücken" (Carpe diem!). Ich lerne, die Orte und die Menschen zu
meiden, die mir schaden. Ich finde Ruhe vor den Zweifeln

durch Beobachtung in der Natur: Ganz gezielt nur diese eine Blume, diesen einen Baum, diesen einen Vogel betrachten und beobachten! Eine ganze Weile. Ohne Bewertung und Etikettierung. Das wirkt wie ein Katalysator zwischen mir und dem Kosmos. Meine Frage nach dem Sinn des Lebens wird nebensächlich und unnötig.

„Das Leben als Kunstwerk gestalten, auch und gerade das sogenannte ‚Alltagsleben', viel Arbeit – und ab und zu eine schöne Feier mit Freunden, das ist mir Sinn genug", sagt unser Freund Berthold.

„Liebe und Leben sind unlösbar miteinander verbunden und machen für mich den Sinn aus", meint Henner, und Sina ergänzt: „Auch sich selbst lieben gehört dazu."

Bei Erich Fromm liest sich das so: „Wenn ein Mensch fähig ist, produktiv zu lieben, dann liebt er auch sich selbst; wenn er nur andere lieben kann, dann kann er überhaupt nicht lieben."

„Für mich liegt der Sinn des Lebens hier im Bettchen", schmunzelt Anja bei meiner Frage und zeigt auf ihr Kind, drei Wochen alt.

„Da gibt's für mich gar keinen Zweifel", lacht mich mein Masseur an. „Der Sinn des Lebens besteht im Glücklichsein!" Dann fährt er ernsthafter fort: „Dazu versuche ich einige Glücks-Regeln einzuhalten." Er zählt zunächst solche auf, wie sie mehrfach in diesem Buch erwähnt sind: Arbeit, Bewegung, Aufräumen, Freundschaften, Musik . . . Dann ergänzt er: „Ich verzichte auch manchmal ganz bewusst auf Alkohol und auf Fernsehen, weil mich das zwar kurzzeitig entspannt, aber auf die Dauer lustlos macht. Lieber unternehme ich etwas, das ich noch nie gemacht habe. Das Risiko reizt mich (z. B. habe ich gerade Windsurfen angefangen). Das kann natürlich auch schief gehen, aber es ist eine Erfahrung mehr. – Außerdem fange ich jetzt noch eine Zusatzausbildung als Osteopath an. Das wird Stress, aber ich will ein Ziel haben, damit das Leben nicht so hinplätschert. – Ich muss einschränken, dass ich bisher auch viel Glück hatte. So richtiges Leid habe ich noch nicht gehabt. Dafür bin ich dankbar. Sie werden es nicht glauben, aber ich bedanke mich jeden Tag dafür, dass ich leben darf."

Nur nicht zu sicher sein, nur nicht zu dogmatisch und festge-
fahren und glauben, das wär's ein für alle Mal!

Alles in Ordnung
Keine Unsicherheiten
Kleine weltanschauliche Schwankungen
Es geht doch manchmal so
Dass man meint ganz fest im Sattel zu sitzen
Philosophisch
Und dann kommt irgendwas dazwischen
Irgendwas läuft einem über den Weg
Und alles ist Humbug
und man muss völlig von vorne anfangen.

Hanns Dieter Hüsch

Sich täglich etwas vornehmen, aber bitte nicht verbissen!
Einmal am Tag lachen – und wenn es über mich selbst ist:

Einmal am Tag

Einmal am Tag, so lese ich eben,
sollst du tief atmen und einfach nur leben.
Du sollst dich auch cremen und bürsten und pflegen,
sollst schwimmen und laufen, dich tüchtig bewegen.

Einmal am Tag sollst du danken und denken,
sollst einem Menschen ein Lächeln schenken.
Du sollst dich auch straffen, zu Ordnung aufraffen,
sollst Sinnvolles tun und Wichtiges schaffen.

Einmal am Tag – das kann doch nicht schwer sein –
sollst du – vom Kosmos erfüllt – total leer sein.
Einmal am Tag – ach, ist es schon Nacht?
Habe ich etwa 'was falsch gemacht?

Eva Simon

Wenn das Ende gut ist

Für die Tage zwischen Weihnachten und Neujahr hatte ich mir vorgenommen, stundenlang weiter an diesem Buch zu schreiben. Irgendjemand will das wohl verhindern, denn seit gestern habe ich starke Schmerzen in den Schultern. Das Bedienen der Tastatur tut weh – mir geht es schlecht. Nun werden Arztbesuche und Krankengymnastik folgen. Zeitverlust! Zeitgewinn! Erst einmal einen langen Spaziergang machen . . .

Meinen Schultern geht es etwas besser. Ich bekomme flache Kohlendioxyd-Einspritzungen in den gesamten Schulterbereich. Es folgen Akupunktur-Massage und Feldenkrais-Behandlung. Sehr wohltuend und entspannend!

Dafür treten nun drückende Schmerzen im Oberbauch ein, die besonders im Sitzen (am Computer!) quälend sind. Liegen mit Wärmflasche auf dem Bauch entspannt – aber nicht meine Stimmung, denn das Buch muss fertig werden. Und zur gleichen Zeit die Bauarbeiten am Wintergarten . . .!

Eine wichtige Blutuntersuchung (Tumormarker) steht auch noch aus. Ich ertrage viel, nur Ungewissheit macht mich fertig.

Um mich ein wenig zu beruhigen, schickt mir die Homöopathin drei winzige Kügelchen. Und die Heilpraktikerin hat mir Bachblüten-Tropfen mitgegeben, die sie vorher an mir ausgependelt hat. Beide Frauen sind sich sicher. Ich bin skeptisch und tröste mich mit dem Gedanken: Es kann nicht schaden. Nach dem Motto: Was hilft, hat recht.

Es hat nur dem Körper ein bisschen geholfen. Meine Seele hinkt hinterher. Das zeigt wohl auch mein Gesichtsausdruck beim Frühstück. Grinsend schiebt mir Daniel das Tagesho-

roskop aus der Zeitung über den Tisch. Es steht auf der Seite, die ich sonst immer gleich wegwerfe:

„Wenn Sie sowieso immer schlecht drauf sind, kann Ihnen eigentlich nichts mehr den Tag verderben. Ändern Sie Ihre Einstellung. Eine positive Einstellung ruft gute Geister auf den Plan. Mit etwas Geduld von Ihrer Seite beantwortet die Zeit fast alle Fragen."

Dann rät er mir, in meinem eigenen Manuskript nachzulesen, um mir mental selbst zu helfen. Witzig! Aber ich werde fündig: Wozu ist das gut?, frage ich mich. Die Antwort lautet: Dir soll es hautnah schlecht gehen, umso mehr Fantasie und Einfühlungsvermögen musst du entwickeln für das Schreiben über's Guttun. Aha! Ich frage mich auch, wie ich es empfohlen habe: „Was ist jetzt wirklich wichtig für mich?" Die Antwort fällt mir schwer. Gesundheit? Vertrauen? Liebe? Glaube? Humor? Hoffnung?

„Viel zu hoch angesetzt!", lacht mich mein Gesicht im Spiegel an. „Lauf doch mal zehn Runden unter den Bäumen!" Ich mache es – und es tut mir gut.

ABC der Möglichkeiten

A

Aberglauben: Horoskop, auf Holz klopfen, Fischschuppe im Geldbeutel

Ablenken, um Zeit zu gewinnen

Abschalten

Affirmationen z.B. „Es gibt immer mehrere Lösungen"

Albeite flöhlich ohne Mullen und Knullen

Eine eingefleischte unangenehme Angewohnheit bei sich selbst abtrainieren

Arbeiten: Am Schreibtisch, im Haus, im Garten . . .

Atemübungen

Aufräumen: Schränke, Schubladen, Papiere, Keller, Boden, Garage, Taschen . . .

Aushalten und Abwarten oder aktiv werden (je nach Typus)

Autogenes Training

B

Babysachen angucken

Backen: Plätzchen, Kuchen, Aufläufe

Badefest in der Wanne mit Schaum und Badeöl – evtl. mit dem Partner, der Partnerin ins Thermalbad fahren

Bauen am Haus, an der Eisenbahn . . .

Bekanntschaft erneuern

Belohnung für sich selbst und andere ausdenken

Berührungen suchen

Besinnen auf eigene Stärken

Beten zu Gott, den Engeln, den Schutzheiligen . . .

Bewegen: Gehen, Laufen, Tanzen, Skaten, Radfahren, Wandern ...

Bilder anschauen oder selbst malen, positive Bilder im Kopf bewahren

Biodynamische Übungen (z. B. nach Gerda Boysen)
Blumen kaufen, pflücken, pflegen, verschenken
Bücher kaufen, lesen, besprechen, weiterempfehlen
Ins Bett legen als letzte Zuflucht

C

Chinesische Ernährung nach den fünf Elementen
Computerspiele

D

Danken
Denken, auch an Unmögliches
Diät einhalten
Drachen basteln und fliegen lassen mit Kindern
Düfte ausprobieren und genießen
Durchhalten

E

Ehrenamtliche Hilfe leisten, aber nur bei echtem Bedürfnis,
    nicht aus Opferwillen
Einkaufen: Sich oder anderen einen lang gehegten Wunsch er-
    füllen
Einsamkeit suchen
Eltern besuchen
Erfolgserlebnis verschaffen
Essen gehen mit Partner/in oder Freunden
Essen, das Richtige zur richtigen Zeit in der richtigen Menge
Etwas anfangen, bei dem der Erfolg sicher ist
Etwas endlich erledigen

F

Sich fallen lassen – in die Schwermut, in die Trübsal, in die
    Trauer – nur nicht zu lange
Familie genießen
Fantasiereisen
Farbberatung in Anspruch nehmen
Fasten
Fehler als Lernchance begreifen

Feiern und sich feiern lassen
Feldenkrais-Übungen machen
Fernsehen oder zeitweiligen Fernsehverzicht
Fotografieren
Fotos betrachten
Fragen stellen an sich selbst: Was will ich? Was brauche ich jetzt?
Freundlich sein
Freundschaften pflegen
Friedhofspaziergang machen: Öfter an den Tod denken nimmt
    dem Leben den Ernst!
Friseur besuchen
Fürsorge geben und nehmen

G
Gartenarbeit
Gäste einladen
Gedichte laut lesen oder selbst verfassen, in einer Gedichte-
    Gruppe mitarbeiten
Gemeinschaft bilden oder suchen
Geschenke machen, auch sich selbst
Gespräche führen mit Freunden, Nachbarn, Verkäuferinnen...,
    aber auch mit dem Hausarzt, dem Psychologen oder dem
    Pastor
Gesundheitswochenende in einem Kurort oder einer Schön-
    heitsfarm buchen
Grummeln nach dem Motto: Home is, where one grumbles
    the most and is treated the best.

H
Haare waschen, schneiden, tönen, stylen, färben
Handarbeiten: Stricken, Sticken, Weben, Nähen, Patchwork...
Handwerkern oder Handwerker endlich bestellen
Hausaufgabenhilfe für Nachbarskinder
Haustiere als Mitbewohner: Katze, Hund, Kaninchen, Hams-
    ter, Meerschweinchen, Zierfische, Schildkröten, Vögel...
Heißluftballon fahren
Hilfe erbitten, Hilfe annehmen
Holz hacken

I / J

Innehalten – und wenn es nur für eine Minute ist

Innere Stimme wahrnehmen

Instrument spielen oder lernen

Intuition ernst nehmen

Jemandem eine Freude machen

Jeux Dramatiques spielen, zu deutsch „Ausdrucksspiel", es
   wird in der Gruppe gespielt mit Erzähler/in, du bestimmst
   deine Rolle selbst, verkleidest dich und deinen Spielort mit
   Tüchern, es wird nicht für Publikum gespielt

Joggen

K

Kabarett ansehen, Komik erleben

Kaminabend bei Rotwein genießen

Kerzenfest feiern (alle Kerzen in Haus oder Wohnung anzün-
   den, kein elektrisches Licht)

Kinder um sich haben

Ins Kino gehen

Klarheit schaffen, deutlich werden

Kleidung durchsehen und aussortieren

Kneipenbummel

Kochen für ein Fest oder zum Ausprobieren neuer Gerichte

Kochkursus besuchen

Konflikttraining absolvieren

Konzentration auf etwas anderes richten

Ins Konzert gehen

Körperhaltung überprüfen und verändern

Körperübungen machen (z.B. nach Ilse Middendorf)

Einen Krankenbesuch machen

Kreuzworträtsel lösen

Kultur genießen

Kurzurlaub antreten

Kuscheltier

Küssen und Knudeln mit dem/der Liebsten

L

Lachen: Ein Tag ohne Lachen ist ein verlorener Tag

Lächeln

Lesen: Bücher, Zeitschriften, Zeitungen, Briefe, Gedichte, Ge-
brauchsanweisungen, Rezepte . . .

An einer Lesegruppe teilnehmen

Leserbrief schreiben

Licht in der ganzen Wohnung als Festbeleuchtung

Lieben mit allen Sinnen

Lieblingsmusik anhören

Lob aussprechen

Loslassen, was sich nicht festhalten lässt

Lust bereiten und empfangen, auf etwas Lust haben

M

Malen: Bilder auf Papier und Leinwand, Muster auf Seiden-
tücher

Verschiedene Maltechniken erlernen

Mama oder Mutti ist das beste „Heilmittel", mit ihr reden
hilft meistens

Mandalas malen und mit professioneller Hilfe entschlüsseln

Massage genießen oder selbst erlernen und am Partner anwenden

Meditieren, nach bestimmter Methode gelernt oder selbst aus-
gedacht und erprobt wie Gehmeditation und Schreibmedi-
tation

Meiden – Menschen und Räume, die dir schlecht bekommen

Möbel umstellen, ein neues Wohngefühl schaffen, neue Möbel
kaufen

Museum besuchen

Musik hören: Klassik, Jazz, Pop, Schlager, Oper, Operette, Volks-
lieder, Tanzmusik, Chansons, Instrumental- und Vokalmu-
sik . . . alles ist erlaubt, es wird nicht in U- und E-Musik
unterteilt, wenn sie nur gut tut und mit schönen Erinnerungen verbunden ist

N

Nachbarn einladen

Natur wahrnehmen und genießen: Wald und Acker in ver-
schiedenen Jahreszeiten, Sonnenuntergang am Meer, Wel-

len bei Sturm, der Himmel über freiem Feld, winzige Pflanzen zwischen Felsgestein, die Maserung von Blättern, das Rauschen des Windes in den Bäumen, die frische Luft, Sonnenschein auf dem See, gefrorene Tropfen an Wintergräsern, Vogelschwärme, Eichhörnchen beim Springen von Krone zu Krone, Herbstlaub, Vogelstimmen lauschen und erkennen

Neues ausprobieren: Ein neuer Weg, ein neues Kochrezept, eine neue Art, sich zu kleiden, ein neues Restaurant, einen neuen Stadtteil erkunden, ein neues Parfüm ausprobieren

O

Öle aller Art kaufen zum Salat, zur Hautpflege

Opferrolle ablegen

Organisation überdenken und evtl. neu regeln

P

Packungen mit Fango oder Kräutern gönnen

In einer politischen Partei mitarbeiten

Eine Party geben unter einem bestimmten Motto: Verkleidung oder Musik aus einer bestimmten Richtung oder Zeit, kann auch eine Potluck-Party sein

Pflanzen pflegen

Prioritäten setzen

Problem rationalisieren

Q

Querdenker einladen und damit eigenen Akku aufladen

R

Rache üben – in Maßen und mit Witz, bitte

Radio hören, z. B. „Am Morgen vorgelesen"

Reden – auch mit sich selber

Reisen mit Bus, Bahn, Pkw, Schiff, Flugzeug in Städte, fremde Länder zu anderen Kulturen . . .

Reiten, am liebsten auf dem eigenen Pferd

Die eigene Religion überprüfen und evtl. neu beleben oder ausbauen

Rückschau halten: Was habe ich schon geschafft? Wie ist es mir damals in der gleichen Situation ergangen?
Ruhe schaffen

S
Sachen herumschmeißen
Sauna, heiß, Dampfsauna, Lichtsauna, mit und ohne Schwimmbad und Whirlpool
Schimpfen ohne Schimpfwörter: Du alte Badewanne! Du Schrumpfgermane! Schubladengespenst! Mitternachtsgurke! Hosenurmel!
Schlafen, ausschlafen
Schöne Menschen und schöne Dinge betrachten, sich mit Schönheit umgeben
Schreiben: Briefe zum Abschicken oder Behalten, Postkarten, Tagebuch, Traumtagebuch, Gedichte, Reimereien für Feste, Tabellen, Listen, Bücher, Drehbücher
Schreien – möglichst, wenn es keinen stört oder jemanden anschreien, der es verdient hat
Schutzengel wahrnehmen und sich bei ihm/ihnen bedanken
Seitenwechsel vornehmen, besonders bei Partnerschaftskonflikten
Selbstheilungskräfte stärken
Selbstmitleid ausleben und dann weglachen oder wegarbeiten
Sex mit einem geliebten Menschen
Sich den eigenen fehlgeschlagenen Tag als Slapstick-Serie vorstellen
Sich schick anziehen und die Haare stylen
Singen, allein und im Chor, in der Badewanne, unter'm Tannenbaum, nachts und am Tage und vor allem im Auto
Soziales Engagement zeigen: Parteien, Kirchen, Altenheime, Gefängnis, UNICEF, Terre des hommes . . .
Im Spiegel betrachten, auch nackt davor posieren, Grimassen schneiden und sich beschimpfen oder anlächeln
Sport treiben: Tischtennis, Walking, Volleyball, Skating, Leichtathletik, Schwimmen
Spüren: Ich werde geliebt. Ich werde gebraucht.
Stadtbummel machen, allein oder mit Freundin

Standort und Standpunkt wechseln
Stille herstellen und genießen
Strategien zur Konfliktlösung entwickeln
Streicheln und gestreichelt werden
Gepflegt streiten, dabei wenn möglich in eine andere Sprache
wechseln
Supervision erbitten
Suppe essen, heiße
Symbole für die eigenen Stärken suchen, z. B. einen Stein, ein
Bild

T

Sich einen eigenen Tag schenken, den Tag als Geschenk be-
grüßen, gut beginnen, strukturieren und im Hier und Jetzt
erleben
Eine sinnvolle Tätigkeit ausüben
Tagträume zulassen
Tanzen – zu zweit im Tanzclub und allein, Folklore, Square-
dance oder Biodanza- alles Tanzen belebt. Der Tanz ist eine
Gabe der Götter.
Tarot-Karten, von professionellen Kennern einführen lassen
Den Teddy knuddeln
Teezeremonie veranstalten
Telefonieren mit einer Freundin, bei Problemen, nach einem
Erlebnis, nach der Reise, um die Stimme mal wieder zu hö-
ren, mit den Kindern im In-und Ausland
Theater angucken oder selbst spielen
An einer Theatergruppe teilnehmen oder eine gründen
Tischspiele spielen: Scrabble, Lifestyle, Streit-Patience . . .
An den Tod denken wie an einen Freund
Träume beachten, Traumdeutung betreiben
Trinken, von heißer Milch über Wasser, Kakao, Saft, Sekt, Wein
bis hin zu Cognac kann alles helfen – maßvoll getrunken

U

Überraschungen bereiten: Fahrt ins Blaue, kleines Geschenk
Umarmen – den Liebsten, die Freundin, das Kind, die Mensch-
heit

Umdenken, z. B. Was wäre, wenn ich das nicht erreiche?
Umdeuten: Welches Glück kann aus diesem Unglück wachsen?
Umräumen, umordnen
Unternehmungen mit Freunden: Theaterbesuche, Kunstereignisse
Urlaub planen, Urlaub machen

V

Verabredungen treffen (Beispiel: Stopp), einhalten und dokumentieren
Vereinsmitglied werden
Verlässlichkeit leben
Vertrauen haben
Verwöhnen, sich und andere
Vogelperspektive einnehmen
Vorab durchspielen, was mir bevorsteht
Vorbilder suchen, Vorbild sein
Vorfreude pflegen
Vorlesen, möglichst sich gegenseitig
Vorwegnahme des Rückblicks auf das Bevorstehende (Ganz schön kompliziert, was?!)
Vorwürfe sein lassen

W

Wärmflasche
Wäsche färben
Wandern
Wasser-Gymnastik
Wegwischen der Sorgen – wie von einer Tafel – und Hoffnungsvolles dranschreiben
Weiches anziehen
Weinen
Weiterbildung
Widerstand leisten, sich wehren
Wohnung genießen
Wut an Dingen auslassen, nicht an Menschen

Y
Yoga – mit professioneller Hilfe

Z
Ziele setzen
Zuhören
Zuwendung

Quellennachweis:

Rose Ausländer, *Der Tag,* aus: dies., Wieder ein Tag aus Glut und Wind. Gedichte 1980–1982, © S. Fischer Verlag GmbH, Frankfurt am Main, 1987

Hilde Domin, *Nicht müde werden,* aus: sies., Gesammelte Gedichte, © S. Fischer Verlag GmbH, Frankfurt am Main, 1987

Hanns Dieter Hüsch, *Es kommt immer etwas dazwischen,* © Karl Blessing Verlag in der Verlagsgruppe Bertelsmann, München 1999

Rainer Kunze, *Apfel für M.R-R.,* aus: ders., auf eigene Hoffnung, Gedichte, © S. Fischer Verlag GmbH, Frankfurt am Main 1981

Gönn' dir, was dir gut tut

Bernardin Schellenberger (Hrsg.)
Gib deiner Seele Flügel
Mystische Augenblicke für jeden Tag
Band 5031
Die schönsten und zugänglichsten Texte alter und moderner Mystiker –
ausgewählt für jeden Tag. 365 Inspirationen, die aus der Routine führen.

Jack Kornfield/Christina Feldman
Geschichten, die der Seele gut tun
Band 4987
Inspirierende Weisheitsgeschichten aus aller Welt, voll innerer Heiterkeit.
Von zwei bekannten Meditationsmeistern im Blick auf heutige Fragen
zusammengestellt.

Irmtraud Tarr Krüger
Vom leichten Glück der einfachen Dinge
Kleine Freuden – große Wirkung
Band 4911
Innehalten, zu sich selber kommen, genießen, der Seele Luft und Atem
geben: Sich inspirieren lassen, die Kunst des Lebens selber zu probieren.

Irmtraud Tarr Krüger
Das Leben meint es gut mit dir
Anregungen zur Lebenslust
Band 4786
Tipps für Körper und Seele, die gut tun und neue Energien freisetzen.
Von der Körperübung über die Imagination bis zur Massage: sich jeden
Tag ein bisschen selbst verwöhnen.

Gloria Rawson/David Callinan
Ich fühl mich rundum wohl
Zehn einfache Methoden, die Wunder wirken
Band 4748
Jeder kann für sich das Richtige finden – aus unterschiedlichen Traditionen,
darunter Aromatherapie, meditative Übungen, Bewegung mit Quigong.

HERDER spektrum